Christof Bechtiger
Psychologie der Führung

Psychologie der Führung

Christof Bechtiger

Impressum

Bibliografische Information der Deutschen Nationalbibliothek: Die Deutsche Nationalbibliothek verzeichnet diese Publikation in der Deutschen Nationalbibliografie; detaillierte bibliografische Daten sind im Internet über http://dnb.dnb.de abrufbar.

Die automatisierte Analyse des Werkes, um daraus Informationen insbesondere über Muster, Trends und Korrelationen gemäß §44b UrhG („Text und Data Mining") zu gewinnen, ist untersagt.

© 2024 Christof Bechtiger

Verlag: BoD · Books on Demand GmbH, In de Tarpen 42, 22848 Norderstedt

Druck: Libri Plureos GmbH, Friedensallee 273, 22763 Hamburg

ISBN: 9783769310252

FSC
www.fsc.org

MIX
Papier aus verantwortungsvollen Quellen
Paper from responsible sources
FSC® C105338

Inhalt

EINLEITUNG

Führung ist weit mehr als das bloße Verteilen von Aufgaben und die Kontrolle von Ergebnissen. Sie ist eine Kunst, die die Fähigkeit verlangt, Menschen zu verstehen, sie zu inspirieren und eine Arbeitsumgebung zu schaffen, in der alle Beteiligten ihr volles Potenzial entfalten können. Eine erfolgreiche Führungskraft zeichnet sich dadurch aus, dass sie sowohl die fachlichen Anforderungen der modernen Arbeitswelt beherrscht als auch über die notwendigen sozialen und emotionalen Kompetenzen verfügt. In einer Welt, die von Digitalisierung, Globalisierung und sich wandelnden Arbeitsbedingungen geprägt ist, braucht es Führungskräfte, die nicht nur technisches Wissen mitbringen, sondern auch ein tiefes Verständnis für menschliches Verhalten und die Psychologie der Arbeit. Die Fähigkeit, sich auf individuelle Bedürfnisse einzustellen, eine vertrauensvolle Atmosphäre zu schaffen und empathisch auf die Herausforderungen der Mitarbeiter einzugehen, ist von zentraler Bedeutung, um nachhaltige Ergebnisse zu erzielen.

Dieses Buch nimmt Sie mit auf eine Reise durch die psychologischen Grundlagen der Führung. Es beleuchtet, was Menschen motiviert, wie Emotionen den Erfolg beeinflussen und welche Rolle soziale Dynamiken in Teams spielen. Dabei werden wir uns intensiv mit den Faktoren beschäftigen, die erfolgreiche Führung ermöglichen, und die häufig unterschätzte Rolle von Emotionen in der Arbeitswelt herausarbeiten. Wir gehen darauf ein, wie Sie als Führungskraft Konflikte im Team konstruktiv lösen können und welche Kommunikationsstrategien sich bewährt haben, um Mitarbeiter zu erreichen und zu inspirieren. Mit konkreten Modellen, Fallbeispielen und praktischen Anleitungen werden Sie lernen, wie Sie als Führungskraft nicht nur Ergebnisse erzielen, sondern auch ein Umfeld schaffen, in dem Mitarbeiter motiviert, zufrieden und erfolgreich sind. Eine effektive Führungskraft schafft es, den Spagat zwischen operativer Effizienz und menschlicher Verbundenheit zu meistern.

Lassen Sie uns gemeinsam den Weg zur modernen Führungskraft gehen – eine, die mit Menschen arbeitet und nicht nur mit Ressourcen. Es geht darum, eine Kultur des Wachstums zu fördern, in der sowohl die Mitarbeiter als auch die Führungskraft selbst kontinuierlich lernen und sich weiterentwickeln. Eine solche Kultur ist geprägt von gegenseitigem Respekt, Vertrauen und der Bereitschaft, Veränderungen nicht nur zu akzeptieren, sondern aktiv mitzugestalten. In den kommenden Kapiteln werden Sie erfahren, wie Sie Ihre Führungsqualitäten stärken, die Motivation Ihrer Mitarbeiter fördern und so eine positive und produktive Arbeitsatmosphäre schaffen können, die nicht nur kurzfristige Ziele erreicht, sondern auch langfristigen Erfolg sicherstellt.

Christof Bechtiger

1. DIE ENTWICKLUNG DER ARBEITSWELT – VOM FLIEßBAND ZUR SELBSTVERWIRKLICHUN

1.1 Die vorindustrielle Zeit: Arbeit als Lebensgrundlage

Bevor die industrielle Revolution begann, sah Arbeit grundlegend anders aus als heute. Menschen lebten meist in agrarisch geprägten Gemeinschaften, und Arbeit war eng mit dem eigenen Überleben verbunden. Das Leben bestand aus harter, körperlicher Arbeit in der Landwirtschaft, die oft innerhalb familiärer Strukturen organisiert wurde. Der Schmied arbeitete in seiner Werkstatt, die Bäuerin auf den Feldern – jede Rolle war eng mit dem Einkommen und der sozialen Identität verknüpft. Arbeit war nicht nur eine physische Aktivität, sondern auch tief in den sozialen und kulturellen Strukturen der Gemeinschaft verwurzelt. Die Beziehungen innerhalb der Familie oder des Dorfes bestimmten oft, wer welche Aufgaben übernahm, und diese Aufgabenverteilung prägte die Identität der Menschen.

Das Menschenbild jener Zeit betrachtete Arbeit als Pflicht und Notwendigkeit, als untrennbar mit dem Überleben verknüpft. Arbeit war eine notwendige Aktivität, um das eigene Leben und das der Familie zu sichern. Es gab keine Überlegungen zur Selbstverwirklichung oder persönlichen Entfaltung – es ging schlicht um das nackte Überleben. In einer Zeit ohne soziale Sicherungssysteme und fortschrittliche Technologie war jede Stunde Arbeit, die geleistet wurde, von großer Bedeutung. Dieses Leben war oft von Entbehrungen geprägt, und der Gedanke an Freizeit, wie wir ihn heute kennen, existierte praktisch nicht. Arbeit war alles, was den Alltag bestimmte, und das Streben nach einer Verbesserung der Lebensbedingungen wurde über Generationen hinweg vererbt.

1.2 Die industrielle Revolution: Der Mensch als "Zahnrad in der Maschine"

Mit der industriellen Revolution im 18. und 19. Jahrhundert änderte sich das Wesen der Arbeit drastisch. Fabriken entstanden überall, und die Produktion verlagerte sich von kleinen Handwerksbetrieben hin zu großflächigen Fabriken. Arbeit wurde zur Massenproduktion, und der Mensch war ein kleines Zahnrad in einer riesigen Maschine. Neue Erfindungen und technologische Durchbrüche wie die Dampfmaschine veränderten die Art und Weise, wie Güter produziert wurden, und führten zu einer enormen Steigerung der Produktivität. Diese Veränderungen hatten tiefgreifende Auswirkungen auf die Lebensweise der Menschen und auf die Rolle, die Arbeit in ihrem Leben spielte.

In dieser Zeit wurde das Menschenbild neu definiert. Arbeitnehmer galten als austauschbare Einheiten, die ihre Aufgaben streng nach Anweisung erledigen sollten. Der Fokus lag auf Effizienz, Disziplin und Gehorsam. Emotionen oder individuelle Bedürfnisse spielten keine Rolle. Der autoritäre Führungsstil war der Standard: Der Fabrikleiter gab Anweisungen, und die Arbeiter folgten. Diese Hierarchie war starr und spiegelte den mechanistischen Ansatz wider, der auch die Produktion dominierte. Das Ziel war es, Arbeit zu standardisieren, Fehler zu minimieren und die Arbeitskraft der Menschen auf das Notwendigste zu reduzieren. Die Arbeitszeiten waren lang, oft 12 bis 16 Stunden am Tag, und die Bedingungen waren hart und gefährlich.

Die Arbeit war oft hart, monoton und entmenschlichend. Auf die Bedürfnisse der Arbeiter wurde kaum Rücksicht genommen, was zu wachsendem Unmut führte. So entstanden erste Gewerkschaften, die für bessere Arbeitsbedingungen und fairere Behandlung kämpften. Die industrielle Revolution brachte auch soziale Spannungen mit sich, da die Arbeiter unter prekären Bedingungen lebten und arbeiteten. Der Ruf nach Reformen wurde immer lauter, und der Wunsch nach mehr menschlicher Würde und Gerechtigkeit am Arbeitsplatz führte schließlich zu den ersten bedeutenden sozialen Bewegungen. Diese Bewegungen legten den Grundstein für spätere Errungenschaften wie Arbeitsrechte, bessere Löhne und Arbeitszeitregelungen.

1.3 Die moderne Arbeitswelt: Der Mensch als wertvolle Ressource

Nach den Schrecken der beiden Weltkriege wandelte sich die Arbeitswelt erneut. In der Nachkriegszeit, mit wachsendem Wohlstand und technischem Fortschritt, entstand eine neue Perspektive auf Arbeit. Der Mensch wurde zunehmend als wertvolle Ressource betrachtet, und Unternehmen begannen zu verstehen, dass motivierte und zufriedene Mitarbeiter produktiver sind. Die Idee, dass Menschen mehr sind als nur Arbeitskräfte, sondern auch kreativ, eigenständig und wertvoll, gewann an Bedeutung. Es ging nicht mehr nur darum, dass der Mensch Arbeit leistet, sondern darum, wie der Mensch am besten arbeiten kann, um sowohl das Unternehmen als auch sich selbst voranzubringen.

Erste Modelle entstanden, die den Menschen als Individuum mit eigenen Bedürfnissen und Talenten sahen. Führungskräfte begannen, betriebliche Sozialleistungen und Schutzgesetze zu implementieren, um das Wohlbefinden der Mitarbeiter zu fördern. Das Konzept der Humanisierung der Arbeitswelt gewann an Bedeutung. Die betriebliche Fürsorge umfasste Aspekte wie Pausenregelungen, Krankenversicherungen und Freizeitmöglichkeiten. Diese Ansätze sollten die Zufriedenheit der Mitarbeiter steigern und gleichzeitig die Effizienz erhöhen. In dieser Zeit begann man auch, Arbeitsbedingungen systematisch zu analysieren und zu verbessern. Ergonomie und Arbeitspsychologie wurden als neue Disziplinen entwickelt, um den Arbeitsplatz menschengerechter zu gestalten.

Das Führungsbild wandelte sich: Die autoritäre, unpersönliche Führung rückte in den Hintergrund, und ein partizipativer Führungsstil wurde zunehmend populär. Mitarbeiter sollten mehr Verantwortung und Einfluss auf ihre Arbeit bekommen. Ziel war es, die Arbeitsbedingungen zu verbessern, um Motivation und Zufriedenheit der Belegschaft zu steigern. Motivation wurde zu einem zentralen Konzept in der Führung. Maslows Bedürfnispyramide und Herzbergs Zwei-Faktoren-Theorie zeigten, dass Menschen nicht nur durch Geld, sondern auch durch Anerkennung, Selbstverwirklichung und interessante Aufgaben motiviert werden. Diese Theorien hatten großen Einfluss auf die Unternehmenspraxis und führten dazu, dass

Mitarbeiter zunehmend als Partner und nicht nur als Erfüllungsgehilfen betrachtet wurden.

1.4 Digitalisierung und Globalisierung: Der Mensch als kreativer Problemlöser

In den letzten Jahrzehnten hat die Digitalisierung die Arbeitswelt radikal verändert. Computer, Automatisierung und das Internet haben viele manuelle Tätigkeiten durch Maschinen ersetzt. Der Mensch musste neue Rollen finden und entwickelte sich immer mehr zum kreativen Problemlöser, der Aufgaben übernahm, die Maschinen (noch) nicht bewältigen konnten. Die Art und Weise, wie Menschen arbeiten, wurde flexibler und vernetzter. Während früher physische Präsenz am Arbeitsplatz notwendig war, ermöglicht die digitale Technologie heute das Arbeiten von überall auf der Welt. Dieser Wandel hat nicht nur Auswirkungen auf die Arbeitsweisen, sondern auch auf die Erwartungen der Arbeitnehmer an ihre Arbeitgeber.

Mit der Globalisierung wurden Teams international, und Arbeitsprozesse wurden komplexer. Dies erforderte eine neue Denkweise in der Führung: Vertrauen, Empathie und die Fähigkeit, Menschen zu motivieren, wurden essenziell. Das Menschenbild wandelte sich erneut – der Mensch wurde nicht länger als austauschbare Arbeitskraft gesehen, sondern als Quelle von Kreativität und Innovation, als wertvolles Kapital eines Unternehmens. Führungskräfte mussten lernen, kulturelle Unterschiede zu managen und eine Arbeitsumgebung zu schaffen, die auf Vielfalt setzt und diese fördert. Virtuelle Teams, die über verschiedene Zeitzonen hinweg arbeiten, stellten neue Anforderungen an Kommunikation und Teamarbeit.

Die digitale Transformation brachte auch neue Herausforderungen mit sich, etwa die Notwendigkeit, digitale Kompetenzen zu entwickeln, und den Umgang mit einer sich ständig verändernden Arbeitswelt. Arbeitnehmer wurden gefordert, sich kontinuierlich weiterzubilden und anzupassen, um relevant zu bleiben. Gleichzeitig begannen Unternehmen, die Bedeutung einer positiven Unternehmenskultur zu erkennen, die Innovation und Kreativität fördert. Die traditionellen Hierarchien lösten sich zunehmend auf, und es entstanden neue Arbeitsmodelle wie agile Methoden, die Flexibilität und Eigenverantwortung fördern.

1.5 Die moderne Arbeitswelt: Der Mensch im Zentrum

Heute ist Arbeit für viele Menschen mehr als nur ein Mittel zum Zweck – sie ist ein wichtiger Teil der Selbstverwirklichung. Arbeitnehmer suchen nach Sinn in ihrer Arbeit, sie wollen ihre Talente entfalten und etwas bewirken. Unternehmen, die dies erkannt haben, schaffen Arbeitsumgebungen, in denen Mitarbeiter nicht nur arbeiten, sondern auch wachsen können. Die Bedeutung von Work-Life-Balance, einer positiven Unternehmenskultur und der Möglichkeit zur persönlichen Weiterentwicklung steht heute im Mittelpunkt vieler Unternehmensstrategien. Arbeit soll nicht nur produktiv sein, sondern auch erfüllend.

Flexible Arbeitszeiten, Remote Work und flache Hierarchien sind Entwicklungen, die auf die Bedürfnisse der Arbeitnehmer abgestimmt sind. Die Führungskraft ist nicht länger der autoritäre Boss, sondern ein Coach, der sein Team befähigt, das Beste aus sich herauszuholen. Das Konzept der emotionalen Intelligenz hat die Rolle der Führung grundlegend verändert. Führungskräfte müssen heute nicht nur Ziele setzen und Ergebnisse überwachen, sondern auch auf die emotionale Befindlichkeit ihrer Mitarbeiter eingehen. Dies schafft ein Umfeld, in dem sich Mitarbeiter wertgeschätzt und motiviert fühlen.

Arbeitgeber investieren zunehmend in Maßnahmen zur Gesundheitsförderung, Weiterbildung und in Programme zur Förderung der mentalen Gesundheit. Die Grenzen zwischen beruflichem und privatem Leben sind durch das Arbeiten von Zuhause aus fließender geworden, was zu neuen Herausforderungen, aber auch zu neuen Chancen geführt hat. Führungskräfte müssen lernen, den individuellen Bedürfnissen ihrer Mitarbeiter gerecht zu werden und eine Kultur des Vertrauens zu schaffen, die sowohl berufliche Leistung als auch persönliche Erfüllung ermöglicht. Dies erfordert eine tiefgehende Veränderung in der Haltung gegenüber Arbeit und Führung – weg von Kontrolle hin zu Vertrauen und Unterstützung.

1.6 Zusammenfassung: Vom autoritären Arbeitsverhältnis zur modernen
     Führungskraft

Die Entwicklung von der Industrialisierung bis heute zeigt, wie sich das
Menschenbild in der Arbeitswelt gewandelt hat. Während der Mensch früher oft nur als Produktionsmittel gesehen wurde, stehen heute seine Bedürfnisse, Fähigkeiten und seine Motivation im Mittelpunkt. Führung bedeutet heute weit mehr als nur Anweisungen zu geben – es bedeutet,
Menschen zu verstehen, sie zu fördern und gemeinsam mit ihnen zu wachsen. Die Transformation der Arbeitswelt ist eine Geschichte der Befreiung
von starren Strukturen hin zu mehr Menschlichkeit, Verständnis und Zusammenarbeit.

Dieses Verständnis bildet die Grundlage für die kommenden Kapitel, in denen wir uns intensiv damit beschäftigen werden, wie psychologische Prinzipien und Führungstechniken dazu beitragen können, Teams effektiv zu leiten und Motivation zu fördern. Die heutige Führungskraft muss eine
Mischung aus Psychologe, Coach und Visionär sein, um den Anforderungen
der modernen Arbeitswelt gerecht zu werden. Lassen Sie uns gemeinsam
herausfinden, wie das gelingt, indem wir konkrete Werkzeuge, bewährte
Strategien und anschauliche Fallbeispiele untersuchen, die Sie auf Ihrem
Weg zur modernen Führungskraft unterstützen werden.

2. DIE PSYCHOLOGIE DER ARBEIT – WAS TREIBT MENSCHEN AN?

2.1 Motivation und ihre Bedeutung in der Arbeitswelt

Motivation ist der zentrale Antrieb, der Menschen dazu bringt, ihre Ziele zu
verfolgen und Aufgaben mit Energie und Engagement zu bewältigen. In der
Arbeitswelt ist die Motivation der Mitarbeiter ein entscheidender Faktor
für den Erfolg eines Unternehmens. Sie beeinflusst nicht nur die Produktivi-
tät, sondern auch die Zufriedenheit und das Wohlbefinden der Mitarbeiter.
Grundsätzlich unterscheidet man zwischen **intrinsischer** und **extrinsischer
Motivation**. Intrinsische Motivation kommt von innen und bedeutet, dass
Menschen ihre Arbeit um ihrer selbst willen tun, weil sie sie spannend oder

erfüllend finden. Extrinsische Motivation hingegen wird durch äußere Anreize, wie Geld oder Anerkennung, gefördert.

Um die Dynamik der Motivation besser zu verstehen, lohnt es sich, einen Blick auf verschiedene Motivationstheorien zu werfen, die im Laufe der Jahre entwickelt wurden:

2.2 Maslows Bedürfnispyramide

Maslows Bedürfnispyramide beschreibt die Hierarchie menschlicher Bedürfnisse, die von physiologischen Grundbedürfnissen bis hin zur Selbstverwirklichung reichen. Die Idee hinter Maslows Theorie ist, dass Menschen ihre vollen Potenziale nur dann entfalten können, wenn ihre grundlegenden Bedürfnisse erfüllt sind. Diese Hierarchie beginnt mit den physiologischen Grundbedürfnissen wie Nahrung und Schlaf und reicht bis zur Selbstverwirklichung, also dem Wunsch, die eigenen Fähigkeiten und Talente voll auszuleben. Zwischen diesen beiden Extremen gibt es weitere Stufen, wie Sicherheit, soziale Bedürfnisse (Freundschaft und Zugehörigkeit) und Anerkennung. Führungskräfte, die diese Hierarchie verstehen, können besser einschätzen, welche Bedürfnisse bei ihren Mitarbeitern derzeit im Vordergrund stehen. So lässt sich gezielt darauf eingehen, was für deren Motivation entscheidend ist.

Ein Beispiel: Ein Mitarbeiter, der sich um seine finanzielle Sicherheit sorgt, wird weniger motiviert durch die Aussicht auf Selbstverwirklichung sein. Hier wäre es wichtig, zunächst für Stabilität und Sicherheit zu sorgen. Hingegen kann ein Mitarbeiter, dessen Grundbedürfnisse bereits erfüllt sind, durch Herausforderungen und Entwicklungsmöglichkeiten motiviert werden. Maslows Theorie hilft Führungskräften also, die Bedürfnisse ihrer Mitarbeiter besser einzuordnen und ihre Maßnahmen entsprechend auszurichten.

2.3 Herzbergs Zwei-Faktoren-Theorie

Herzbergs Zwei-Faktoren-Theorie unterscheidet zwischen Hygienefaktoren und Motivatoren. Hygienefaktoren wie Arbeitsbedingungen, Gehalt und Sicherheit verhindern Unzufriedenheit, tragen aber nicht aktiv zur Motivation bei. Wenn diese Faktoren fehlen, entsteht Unzufriedenheit – sind sie jedoch vorhanden, schaffen sie lediglich eine neutrale Basis, auf der Motivation entstehen kann. Motivatoren hingegen, wie Anerkennung, Verantwortung und persönliche Weiterentwicklung, fördern die echte Motivation und Zufriedenheit der Mitarbeiter.

Für Führungskräfte bedeutet dies, dass sie sowohl die Hygienefaktoren auf einem akzeptablen Niveau halten als auch gezielt Motivatoren schaffen müssen, um ihre Mitarbeiter langfristig zu motivieren. Ein Beispiel für die Umsetzung dieser Theorie in der Praxis könnte sein, dass die Führungskraft dafür sorgt, dass alle Mitarbeiter in einem angenehmen Arbeitsumfeld arbeiten und Zugang zu angemessenen Ressourcen haben. Gleichzeitig sollte sie den Mitarbeitern Herausforderungen bieten, die sie weiterentwickeln, und ihnen Verantwortung übertragen, um deren intrinsische Motivation zu fördern.

2.4 McClellands Theorie der Bedürfnisse

McClellands Theorie der Bedürfnisse beschreibt drei zentrale menschliche Bedürfnisse, die Motivation beeinflussen: das Bedürfnis nach Leistung, das Bedürfnis nach Zugehörigkeit und das Bedürfnis nach Macht. Jeder Mensch hat eine unterschiedliche Ausprägung dieser Bedürfnisse, die ihn antreibt. Leistungsorientierte Menschen suchen neue Herausforderungen und wollen ihre Fähigkeiten unter Beweis stellen. Ihnen kann man anspruchsvolle Projekte geben, die ihnen ermöglichen, zu wachsen und ihr Potenzial auszuschöpfen.

Zugehörigkeitsorientierte Menschen legen großen Wert auf soziale Bindungen und ein angenehmes Arbeitsklima. Sie fühlen sich motiviert, wenn sie Teil eines Teams sind und gute Beziehungen pflegen können. Führungskräfte sollten diese Mitarbeiter in Teamprojekte einbinden und dafür sorgen, dass sie sich gut ins Team integriert fühlen.

Machtorientierte Menschen streben danach, Einfluss zu nehmen und Verantwortung zu übernehmen. Sie fühlen sich motiviert, wenn sie Entscheidungen treffen können und andere anleiten. Führungskräfte können diese

Mitarbeiter durch die Übertragung von Führungsaufgaben oder die Einbindung in Entscheidungsprozesse fördern.

2.5 Erwartungs-Wert-Theorie

Die Erwartungs-Wert-Theorie beschreibt die Motivation als das Produkt aus der subjektiven Erwartung, ein Ziel erreichen zu können, und dem Wert, den dieses Ziel für die Person hat. Motivation entsteht nur dann, wenn beide Faktoren hoch sind. Ein Beispiel hierfür wäre ein Mitarbeiter, der eine neue Software lernen soll. Wenn der Mitarbeiter das Gefühl hat, dass er nicht die notwendigen Fähigkeiten hat (geringe Erwartung), oder wenn er den Nutzen der neuen Software für seine Arbeit nicht erkennt (geringer Wert), wird er nicht motiviert sein, sie zu erlernen.

Führungskräfte können die Motivation ihrer Mitarbeiter steigern, indem sie sowohl die Erwartungen als auch den Wert erhöhen. Dies kann durch gezielte Schulungen, klare Zielsetzungen und das Aufzeigen von Relevanz und Nutzen der Aufgaben geschehen. Ein weiterer Ansatz ist es, das Vertrauen in die eigenen Fähigkeiten zu stärken und klar zu kommunizieren, welchen Beitrag die Arbeit zum Erfolg des Unternehmens leistet. Indem Führungskräfte sowohl die Selbstwirksamkeit als auch die Bedeutung des Ziels verdeutlichen, können sie die Motivation ihrer Mitarbeiter gezielt steigern.

2.6 Bedürfnisse der Mitarbeiter erkennen

Die Bedürfnisse der Mitarbeiter zu verstehen und zu erkennen, ist eine der Kernaufgaben jeder Führungskraft. Menschen sind individuell, und ihre Bedürfnisse variieren je nach persönlicher Situation, Karrierephase und Persönlichkeit. Führungskräfte können verschiedene Methoden einsetzen, um diese Bedürfnisse zu erkennen:

- **Regelmäßige Mitarbeitergespräche**: Diese Gespräche bieten die Möglichkeit, in einem geschützten Rahmen über berufliche Ziele, Herausforderungen und Wünsche der Mitarbeiter zu sprechen. Regelmäßige, offene Kommunikation sorgt dafür, dass Führungskräfte ein genaues Bild davon haben, was ihre Mitarbeiter brauchen, um motiviert und zufrieden zu sein. Besonders wertvoll ist es, auf die individuellen Lebensumstände der Mitarbeiter einzugehen und personalisierte Lösungen zu finden.

- **Feedbackrunden**: Diese fördern eine offene Kommunikation und zeigen, wo es Verbesserungspotenziale gibt und welche Bedürfnisse unerfüllt bleiben. Feedback ist keine Einbahnstraße; sowohl Führungskräfte als auch Mitarbeiter sollten in der Lage sein, Rückmeldung zu geben und zu empfangen. Dies trägt dazu bei, Barrieren abzubauen und eine Kultur des gegenseitigen Respekts zu fördern. Regelmäßiges, konstruktives Feedback unterstützt dabei, Unsicherheiten und Unzufriedenheit frühzeitig zu erkennen und gegenzusteuern.
- **Empathie und emotionale Intelligenz**: Indem Führungskräfte ein gutes Gespür für die Gefühlslage ihrer Mitarbeiter entwickeln, können sie deren Bedürfnisse besser verstehen und entsprechende Maßnahmen ergreifen. Emotionale Intelligenz ist dabei der Schlüssel zum Verständnis der subtilen Hinweise, die Mitarbeiter geben, wenn sie mit Herausforderungen zu kämpfen haben. Eine empathische Führungskraft erkennt nicht nur die Worte, sondern auch die Gefühle, die dahinterstehen. Dies schafft Vertrauen und trägt dazu bei, dass Mitarbeiter sich öffnen und ihre Anliegen transparent machen können.

Das Wissen über die individuellen Bedürfnisse ermöglicht es Führungskräften, passgenaue Maßnahmen zu ergreifen, um die Motivation zu steigern und die Zufriedenheit zu erhöhen. Mitarbeiter, die sich gesehen und gehört fühlen, sind eher bereit, sich zu engagieren und Höchstleistungen zu erbringen. Es ist wichtig, dieses Wissen kontinuierlich zu aktualisieren, da sich Bedürfnisse und Umstände im Laufe der Zeit ändern können.

2.7 Die Bedeutung von Anerkennung und Wertschätzung

Anerkennung ist ein enormer Motivator in der Arbeitswelt. Es geht dabei um das Bedürfnis, gesehen und wertgeschätzt zu werden. Eine wertschätzende Unternehmenskultur kann maßgeblich dazu beitragen, die Zufriedenheit und das Engagement der Mitarbeiter zu steigern. Es gibt viele Möglichkeiten, Anerkennung auszudrücken:

- **Lob und Anerkennung**: Ein ehrliches Lob für geleistete Arbeit ist einer der einfachsten und effektivsten Wege, um Mitarbeiter zu motivieren. Es ist wichtig, dass Lob spezifisch ist und auf konkrete Leistungen eingeht. Ein allgemeines „Gut gemacht" ist oft weniger wirksam als ein spezifisches „Die Präsentation, die du heute gehalten hast, war exzellent, besonders die Detailtiefe hat beeindruckt". Individuelles Lob zeigt, dass Führungskräfte wirklich aufmerksam sind und die Anstrengungen ihrer Mitarbeiter schätzen.
- **Materielle Anreize**: Bonussysteme oder Geschenke können ebenfalls als Anerkennung dienen, wobei dies oft nur eine kurzfristige Motivationssteigerung zur Folge hat. Geld ist zwar ein wichtiger Faktor, aber nicht der einzige, der zu langfristiger Motivation beiträgt. Führungskräfte sollten sicherstellen, dass materielle Anreize von anderen Formen der Wertschätzung begleitet werden. Boni können einen positiven Effekt haben, wenn sie in Zusammenhang mit klaren Leistungen stehen, aber sie sollten nicht als einziges Mittel zur Motivation verwendet werden.
- **Entwicklungsmöglichkeiten**: Ein weiterer Ausdruck von Wertschätzung ist die Möglichkeit zur beruflichen Weiterentwicklung. Schulungen, neue Aufgaben oder interne Aufstiegsmöglichkeiten zeigen dem Mitarbeiter, dass er im Unternehmen geschätzt wird. Mitarbeiter, die das Gefühl haben, dass sie wachsen und sich entwickeln können, sind häufig zufriedener und engagierter. Investitionen in die persönliche und berufliche Entwicklung der Mitarbeiter zahlen sich langfristig für das gesamte Unternehmen aus. Die Schaffung von Lernmöglichkeiten und das Vertrauen, neue Verantwortungen zu übernehmen, vermittelt dem Mitarbeiter, dass man an sein Potenzial glaubt.

2.8 Warum Gehalt allein nicht zu mehr Motivation führt

Ein häufiger Irrtum in der Arbeitswelt ist die Annahme, dass ein höheres Gehalt zwangsläufig zu einer Steigerung der Motivation führt. Tatsächlich zeigen zahlreiche Studien, dass das Gehalt nur bis zu einem bestimmten Punkt motivierend wirkt. Sobald die Grundbedürfnisse gedeckt sind, tritt der sogenannte **psychologische Adaptionslevel-Effekt** ein. Dieser besagt, dass Menschen sich relativ schnell an einen höheren Lebensstandard gewöhnen und das anfängliche Glücksgefühl über eine Gehaltserhöhung rasch nachlässt. Der Mensch passt sich an neue Gegebenheiten an, und das erhöhte Gehalt wird bald als der neue Normalzustand wahrgenommen. Somit wird das Gehalt als Motivator weniger wirksam, weil es keine dauerhafte Erfüllung bietet.

Ein gutes Beispiel für den Adaptionslevel-Effekt ist das **Phänomen des Lottogewinners**. Wenn jemand eine große Summe Geld gewinnt, ist die anfängliche Euphorie natürlich enorm. Doch nach einiger Zeit gewöhnt sich die Person an ihren neuen Wohlstand, und das gesteigerte Glücksgefühl nimmt kontinuierlich ab, bis es sich wieder auf das ursprüngliche Niveau einpendelt. Ähnliches passiert mit Gehaltserhöhungen: Die Freude und Motivation sind nur von kurzer Dauer, bis der neue Lebensstandard als selbstverständlich betrachtet wird.

Auch im privaten Bereich kann man den Adaptionslevel-Effekt gut beobachten. **Der Kauf eines neuen Autos** beispielsweise führt bei vielen Menschen zunächst zu großer Begeisterung. Doch nach einigen Monaten wird das Auto zu einem normalen Teil des Alltags, und das Glücksgefühl, das mit dem Besitz verbunden war, verblasst. Der Mensch passt sich an das neue Level an, und das Bedürfnis nach einem weiteren, neuen Reiz entsteht. Dieses Prinzip lässt sich ebenso auf das Gehalt übertragen – sobald der neue finanzielle Zustand als normal empfunden wird, verschwindet die anfängliche Motivation.

Dies bedeutet, dass die langfristige Motivation weniger durch finanzielle Anreize als durch andere Faktoren wie Anerkennung, Entwicklungsmöglichkeiten und den Sinn der Arbeit beeinflusst wird. Mitarbeiter, die das Gefühl haben, dass ihre Arbeit wichtig ist und dass sie sich persönlich weiterentwickeln können, bleiben in der Regel länger motiviert. Das Adaptionslevel-Prinzip verdeutlicht, warum es für Führungskräfte so wichtig ist, zusätzlich zu fairen Gehältern auch nicht-monetäre Motivatoren in den Vordergrund zu stellen, um das Wohlbefinden und die Leistung der Mitarbeiter nachhaltig zu fördern.

2.9 Sinn und Selbstverwirklichung im Berufsleben

In der heutigen Arbeitswelt spielt der **Sinn** der Arbeit eine immer größere Rolle. Viele Menschen wünschen sich eine Tätigkeit, die über die reine Sicherung des Lebensunterhalts hinausgeht und einen positiven Einfluss auf die Gesellschaft hat oder ihnen das Gefühl gibt, Teil von etwas Größerem zu sein. Führungskräfte können dabei helfen, den Sinn ihrer Arbeit für die Mitarbeiter klar herauszustellen, indem sie beispielsweise:

- **Die Mission und Werte des Unternehmens klar kommunizieren**: Wenn Mitarbeiter verstehen, welchen Beitrag ihre Arbeit zum Erfolg des Unternehmens und zur Erreichung größerer Ziele leistet, empfinden sie ihre Aufgaben als sinnstiftender. Eine klare Mission schafft eine emotionale Verbindung zwischen dem Mitarbeiter und dem Unternehmen, was die Identifikation mit den Zielen des Unternehmens stärkt.
- **Persönliche Ziele und Unternehmensziele in Einklang bringen**: Mitarbeiter, die ihre eigenen Ziele mit denen des Unternehmens verbinden können, sind oft motivierter und engagierter. Dies bedeutet, dass Führungskräfte die individuellen Karriereziele ihrer Mitarbeiter kennen sollten und diese in die Unternehmensziele integrieren, wenn es möglich ist. Diese Ausrichtung sorgt dafür, dass sich Mitarbeiter als aktiver Teil der Organisation fühlen.
- **Möglichkeiten zur Selbstverwirklichung bieten**: Wenn Mitarbeiter die Gelegenheit haben, ihre eigenen Ideen einzubringen und ihre Talente zu entfalten, steigert dies nicht nur ihre Zufriedenheit, sondern auch die Qualität ihrer Arbeit. Kreative Freiräume, Projekte, in denen Mitarbeiter eigene Initiativen ergreifen können, oder das Fördern von Innovationskultur sind Wege, die persönliche Entfaltung zu fördern. Führungskräfte sollten gezielt Aufgaben anbieten, die nicht nur die Fähigkeiten der Mitarbeiter fordern, sondern ihnen auch erlauben, ihre kreativen und persönlichen Interessen einzubringen.

Ein weiterer Ansatz, um die Motivation von Mitarbeitern zu verstehen, ist die Betrachtung unterschiedlicher **Motivationstypen**:

- **Leistungsmotivierte**: Diese Mitarbeiter streben danach, ihre Fähigkeiten unter Beweis zu stellen und herausragende Ergebnisse zu erzielen. Sie suchen Herausforderungen und fühlen sich motiviert, wenn sie klare Ziele haben, an denen sie ihre Leistung messen können. Ein Beispiel wäre ein Vertriebsmitarbeiter, der sich selbst hohe Verkaufsziele setzt und ständig nach neuen Kunden sucht. Diese Personen schätzen Feedback und nutzen es, um ihre Fähigkeiten kontinuierlich zu verbessern. Es ist hilfreich, ihnen regelmäßig anspruchsvolle Aufgaben zu übertragen, die sie herausfordern und weiterentwickeln.
- **Assimilationsmotivierte**: Diese Menschen haben das Bedürfnis, Teil einer Gemeinschaft zu sein, sich zugehörig zu fühlen und gute Beziehungen zu pflegen. Sie sind motiviert, wenn sie in einem harmonischen Team arbeiten und Unterstützung erfahren. Ein Beispiel ist ein Mitarbeiter, der vor allem dann aufblüht, wenn er in einem Team Projekte bearbeiten kann, und der großen Wert auf ein gutes Arbeitsklima legt. Führungskräfte sollten darauf achten, dass solche Mitarbeiter in Teams arbeiten, in denen sie positive Beziehungen aufbauen können. Diese Menschen schätzen Teamarbeit und sind oft die Bindeglieder, die Teams zusammenhalten.
- **Machtmotivierte**: Machtmotivierte Personen streben danach, Einfluss zu nehmen und Verantwortung zu übernehmen. Sie fühlen sich motiviert, wenn sie in einer Position sind, in der sie Entscheidungen treffen und andere führen können. Ein Beispiel wäre eine Führungskraft, die es genießt, ihre Abteilung zu leiten und strategische Entscheidungen zu treffen, um das Unternehmen voranzubringen. Machtmotivierte Mitarbeiter sollten in Entscheidungsprozesse eingebunden werden, wo sie ihre Fähigkeiten zur Geltung bringen können. Sie sind oft sehr zielorientiert und können das Unternehmen durch strategisches Denken nach vorne bringen.

Indem Führungskräfte die unterschiedlichen Motivationstypen ihrer Mitarbeiter erkennen, können sie gezielter auf deren Bedürfnisse eingehen und ihnen Aufgaben übertragen, die ihren Stärken entsprechen und sie somit besonders motivieren. Dies führt zu einer höheren Zufriedenheit und einem insgesamt produktiveren Team. Ein Mitarbeiter, der motiviert und seinen Stärken entsprechend eingesetzt wird, bringt nicht nur bessere Leistung, sondern bleibt auch länger im Unternehmen.

2.11   Praktische Anwendung im Führungsalltag

Die Kenntnis all dieser Theorien und Motivationstypen ist nur dann wirklich wertvoll, wenn sie in die Praxis umgesetzt wird. Führungskräfte sollten die Motivation ihrer Mitarbeiter regelmäßig hinterfragen und gezielt fördern. Einige praktische Schritte hierfür sind:

- **Ziele individuell anpassen**: Mitarbeiter sollten Ziele erhalten, die sowohl erreichbar als auch herausfordernd sind. Die Ziele sollten im Einklang mit den persönlichen Stärken und der Motivation des Mitarbeiters stehen. Eine enge Zusammenarbeit bei der Festlegung von Zielen führt zu einem höheren Engagement und einer stärkeren Identifikation mit diesen Zielen.
- **Anerkennung zur Gewohnheit machen**: Anerkennung sollte nicht nur bei außergewöhnlichen Leistungen ausgesprochen werden, sondern auch im Alltag Platz finden. Kleine Erfolge verdienen ebenfalls Wertschätzung. Führungskräfte sollten sich bemühen, eine Kultur der positiven Rückmeldung zu etablieren, in der Anerkennung ein natürlicher Teil der Kommunikation ist. Dies trägt zur Steigerung der Motivation und zur Schaffung einer positiven Unternehmenskultur bei.
- **Flexibilität ermöglichen**: Flexible Arbeitszeiten oder Homeoffice-Möglichkeiten können Mitarbeitern helfen, eine bessere Work-Life-Balance zu erreichen, was sich positiv auf ihre Motivation auswirken kann. Mitarbeiter, die das Gefühl haben, ihr Privatleben und ihre Arbeit miteinander in Einklang bringen zu können, sind oft motivierter und engagierter. Auch das Angebot von Sabbaticals oder

Elternzeitmodellen kann dazu beitragen, die Zufriedenheit zu steigern.

Ein Beispiel für die praktische Anwendung wäre ein Teamleiter, der für seine Mitarbeiter regelmäßige Einzelgespräche führt, um herauszufinden, was sie aktuell motiviert und welche Bedürfnisse erfüllt werden müssen. Durch das gezielte Anpassen der Aufgabenbereiche und das Einbinden der Mitarbeiter in Entscheidungsprozesse kann eine hohe Identifikation mit der Arbeit und damit eine starke intrinsische Motivation erreicht werden. Zudem kann eine Führungskraft durch gezieltes Delegieren von Verantwortung das Selbstbewusstsein und die Fähigkeiten der Mitarbeiter fördern, was zu einem positiven Kreislauf von Motivation und Leistung führt.

2.12   Zusammenfassung

Motivation ist ein komplexes Zusammenspiel von individuellen Erwartungen, persönlichen Zielen und äußeren Faktoren. Führungskräfte, die die unterschiedlichen Motivationstheorien und -typen verstehen und anwenden, können die Motivation ihrer Mitarbeiter gezielt steigern und so das volle Potenzial ihrer Teams ausschöpfen. Es ist entscheidend, die individuelle Persönlichkeit jedes Mitarbeiters zu verstehen und die richtigen Anreize zu setzen. Motivation ist nicht statisch, sondern dynamisch – sie erfordert kontinuierliche Anpassung und ein feines Gespür für die Bedürfnisse der Menschen.

3. DAS ROLLENVERSTÄNDNIS DER FÜHRUNGSKRAFT

3.1 Was bedeutet Führung?

Führung ist die gezielte soziale Einflussnahme, um die Ziele des Unternehmens zu erreichen. Soziale Einflussnahme bedeutet, dass die Führungskraft bewusst das Verhalten, die Einstellungen und die Motivation der Mitarbeiter beeinflusst, um gemeinsame Ziele zu erreichen. Dabei geht es nicht um das Ausüben von Macht oder Kontrolle als Selbstzweck, sondern immer um die gezielte Einflussnahme, um spezifische, sinnvolle Ziele zu erreichen.

Führung ist niemals Selbstzweck, sondern dient dazu, Menschen zu motivieren, ihre Talente und Fähigkeiten im Sinne eines gemeinsamen Ziels einzubringen. Dies setzt voraus, dass eine Führungskraft nicht nur ihre Position versteht, sondern auch die Dynamik der zwischenmenschlichen Beziehungen und die Bedürfnisse ihrer Mitarbeiter.

Führung bedeutet also, Menschen in ihrer Entwicklung zu unterstützen, sie zu inspirieren und zu fördern, damit sie bestmöglich zum Erfolg des Teams und des Unternehmens beitragen können. Eine erfolgreiche Führungskraft muss das Gleichgewicht zwischen direkter Einflussnahme und der Förderung von Eigenständigkeit finden. Führung beinhaltet auch, Verantwortung zu übernehmen und den Mitarbeitern zu vermitteln, dass ihr Beitrag wesentlich für den Unternehmenserfolg ist. Das zentrale Ziel ist es, das Beste aus den vorhandenen Ressourcen herauszuholen und ein Klima zu schaffen, in dem alle ihr Potenzial ausschöpfen können. Führung ist dabei ein interaktiver Prozess, der auf gegenseitigem Vertrauen und Respekt basiert. Sie erfordert eine ständige Anpassung an die Bedürfnisse der Mitarbeiter und die sich verändernden Anforderungen des Unternehmens.

Eine wesentliche Herausforderung der Führung besteht darin, die richtige Balance zwischen Zielorientierung und der Berücksichtigung der individuellen Bedürfnisse der Mitarbeiter zu finden. Es ist ein dynamisches Zusammenspiel, das ein hohes Maß an Flexibilität und Empathie verlangt. Nur so kann die Führungskraft sicherstellen, dass die Mitarbeiter engagiert und motiviert bleiben, auch wenn die Rahmenbedingungen sich ändern. Darüber hinaus sollte Führung auch immer einen positiven Einfluss auf die Unternehmenskultur haben. Eine Führungskraft trägt zur Schaffung einer offenen, kreativen und vertrauensvollen Kultur bei, in der Innovation gefördert wird und die Mitarbeiter sich sicher fühlen, Risiken einzugehen, ohne Angst vor negativen Konsequenzen zu haben.

3.2 Die Rolle einer Führungskraft: Mehr als nur ein Titel

Eine Führungskraft zu sein bedeutet weitaus mehr, als nur einen Titel zu tragen oder Entscheidungsbefugnisse zu besitzen. Die Rolle einer

Führungskraft umfasst zahlreiche Aufgaben und Verantwortungen, die weit über das bloße Managen von Abläufen und Ressourcen hinausgehen. Eine Führungskraft muss die unterschiedlichen Bedürfnisse ihrer Mitarbeiter erkennen, die Richtung des Teams vorgeben und als Vermittler sowie Vorbild agieren. Zum Beispiel kann eine Führungskraft die Bedürfnisse der Mitarbeiter durch regelmäßige Gespräche und Feedbackrunden erkennen, in denen offene Fragen gestellt und individuelle Herausforderungen thematisiert werden. Sie trägt die Verantwortung, die Potenziale im Team zu erkennen und zu fördern, Konflikte zu moderieren und die Arbeitsatmosphäre so zu gestalten, dass alle Beteiligten produktiv und mit Freude zusammenarbeiten können.

Das Verständnis der eigenen Rolle als Führungskraft ist entscheidend, um im Unternehmenskontext sowohl effektive Ergebnisse zu erzielen als auch ein nachhaltiges und motivierendes Arbeitsumfeld zu schaffen. Eine Führungskraft nimmt mehrere Rollen gleichzeitig ein, darunter die des Coaches, des Vermittlers, des Visionärs und des Entscheiders. Jede dieser Rollen erfordert spezifische Kompetenzen und Fähigkeiten, die durch kontinuierliches Lernen und persönliche Reflexion entwickelt werden müssen. Führung ist nicht statisch, sondern ein dynamischer Prozess, der ständige Anpassung und Weiterentwicklung verlangt. Dabei muss die Führungskraft auch bereit sein, sich selbst kritisch zu hinterfragen und gegebenenfalls ihr Verhalten anzupassen, um den Herausforderungen der modernen Arbeitswelt gerecht zu werden.

3.3 Die verschiedenen Rollen einer Führungskraft

3.3.1 Coach und Mentor

Eine der wichtigsten Rollen einer Führungskraft ist die des Coaches und Mentors. Als Coach hilft die Führungskraft ihren Mitarbeitern, ihr volles Potenzial zu entfalten, indem sie ihnen nicht nur Aufgaben überträgt, sondern auch Rückmeldung gibt, konstruktives Feedback bietet und die Weiterentwicklung der individuellen Fähigkeiten unterstützt. Mentoring bedeutet, eine langfristige Beziehung zu den Mitarbeitern aufzubauen, in der Vertrauen, Unterstützung und ein offener Austausch im Vordergrund stehen.

Ein gutes Coaching zeichnet sich durch gezielte Fragen aus, die den Mitarbeiter dazu anregen, selbst Lösungen zu finden und eigene Stärken zu erkennen. Zum Beispiel kann eine Führungskraft statt einer direkten Anweisung Fragen stellen wie: "Wie würdest du diese Herausforderung am besten angehen?" oder "Welche Möglichkeiten siehst du, um diese Aufgabe effektiver zu erledigen?" Durch solche Ansätze hilft sie den Mitarbeitern, ihre Problemlösungskompetenzen zu verbessern und Eigenverantwortung zu übernehmen. Ein konkretes Beispiel hierfür wäre ein Mitarbeiter, der Schwierigkeiten bei der Priorisierung von Aufgaben hat. Durch gezielte Fragen wie "Welche Aufgabe hat deiner Meinung nach die größte Auswirkung auf unser Ziel?" könnte der Mitarbeiter seine Prioritäten neu ordnen und eine effiziente Lösung finden, was ihm nicht nur half, die Situation zu meistern, sondern auch seine Fähigkeit zur selbständigen Problemlösung stärkte. Ein Coach sollte auch die Motivation stärken, indem er die Fortschritte anerkennt und den Mitarbeitern das Gefühl gibt, dass ihre Arbeit bedeutungsvoll ist.

Als Mentor geht es nicht nur darum, kurzfristige Lösungen zu finden, sondern langfristig den Mitarbeiter in seiner beruflichen Entwicklung zu begleiten. Dies umfasst auch die Unterstützung bei Karriereentscheidungen und das Teilen von Wissen und Erfahrungen. Der Mentor zeigt Wege auf und inspiriert den Mitarbeiter, sich beruflich und persönlich weiterzuentwickeln, was letztendlich auch dem Unternehmen zugutekommt. Ein Mentor hat die Möglichkeit, eine positive Unternehmenskultur zu fördern, in der Lernen und Entwicklung als wertvolle Bestandteile des Arbeitsumfelds angesehen werden. Ein Beispiel für erfolgreiches Mentoring könnte sein, wenn ein erfahrener Mitarbeiter durch regelmäßigen Austausch mit einer Führungskraft in eine Führungsposition hineinwächst und somit zur langfristigen Stärkung der Führungsebene beiträgt.

3.3.2 Visionär und Strategischer Denker

Eine Führungskraft muss auch als Visionär agieren, der den Weg für die Zukunft des Teams oder Unternehmens weist. Das bedeutet, klare Ziele zu setzen und eine Vision zu formulieren, die nicht nur die Unternehmensziele im Blick hat, sondern auch die individuellen Ambitionen der Mitarbeiter mit einbezieht. Eine klare Vision hilft dabei, alle Teammitglieder auf ein gemeinsames Ziel auszurichten und ein Gefühl von Zugehörigkeit und Sinnhaftigkeit zu schaffen.

Ein Visionär ist jemand, der in die Zukunft blickt und Chancen erkennt, bevor sie offensichtlich werden. Diese Fähigkeit, strategisch zu denken, ermöglicht es der Führungskraft, auf sich verändernde Marktanforderungen oder interne Herausforderungen flexibel zu reagieren und das Team entsprechend anzupassen. Der strategische Denker versteht die größeren Zusammenhänge und kann daher Entscheidungen treffen, die langfristig sinnvoll und nachhaltig sind. Ein gutes Beispiel für visionäres Denken ist die frühzeitige Erkennung von Trends in der Branche und die Fähigkeit, diese Trends in konkrete strategische Pläne umzusetzen, die dem Team helfen, sich erfolgreich zu positionieren. Ein konkretes Beispiel hierfür wäre eine Führungskraft, die in der IT-Branche frühzeitig die zunehmende Bedeutung von Cloud-Technologien erkennt und das Team dazu anleitet, sich in diesem Bereich weiterzubilden und entsprechende Dienstleistungen anzubieten. Dies kann dem Unternehmen helfen, sich frühzeitig einen Wettbewerbsvorteil zu sichern und auf kommende Marktanforderungen vorbereitet zu sein.

Ein Visionär inspiriert die Mitarbeiter auch, indem er ein klares Bild von der Zukunft des Unternehmens zeichnet und ihnen die Bedeutung ihrer individuellen Beiträge für das große Ganze verdeutlicht. Das gibt den Mitarbeitern Orientierung und Motivation, ihre eigenen Ideen einzubringen. Visionäre Führung bedeutet daher nicht nur das Erkennen von Chancen, sondern auch die Fähigkeit, das Team für eine gemeinsame Zukunft zu begeistern und aktiv in die Umsetzung einzubinden.

3.3.3 Vermittler und Konfliktlöser

In jedem Team entstehen Konflikte, sei es durch unterschiedliche Arbeitsweisen, Missverständnisse oder konkurrierende Interessen. Eine Führungskraft muss als Vermittler agieren und sicherstellen, dass Konflikte konstruktiv gelöst werden. Das erfordert diplomatisches Geschick, Empathie und die Fähigkeit, auf unterschiedliche Perspektiven einzugehen. Ein wichtiger Aspekt dabei ist, Konflikte nicht zu ignorieren, sondern aktiv anzugehen, bevor sie eskalieren und die Teamdynamik negativ beeinflussen.

Ein Beispiel für die Rolle des Konfliktlösers ist eine Situation, in der zwei Teammitglieder unterschiedliche Auffassungen über die Herangehensweise an ein Projekt haben. Hier muss die Führungskraft zuhören, beide Standpunkte verstehen und eine Lösung finden, die beide Parteien zufriedenstellt und gleichzeitig den Projektfortschritt sicherstellt. Dabei geht es nicht immer darum, Kompromisse zu schließen, sondern auch um das Finden kreativer Lösungen, die allen Beteiligten nutzen. Eine effektive Führungskraft sieht Konflikte nicht als Hindernisse, sondern als Chancen, das Team zu stärken und die Zusammenarbeit zu verbessern. Indem sie den Dialog fördert und klare Kommunikation unterstützt, hilft sie dem Team, aus Konflikten zu lernen und gestärkt daraus hervorzugehen.

Zusätzlich ist es wichtig, den Konfliktbeteiligten zu zeigen, dass ihre Anliegen ernst genommen werden und dass es bei der Konfliktlösung keine Verlierer gibt, sondern nur ein gemeinsames Weiterkommen. Ein Konflikt, der erfolgreich gelöst wurde, stärkt das Vertrauen im Team und führt oft zu einer verbesserten Zusammenarbeit, da alle Beteiligten wertvolle Lektionen über Kommunikation und Zusammenarbeit gelernt haben. Ein konkretes Beispiel könnte der Konflikt zwischen einem Entwickler und einem Projektmanager sein, bei dem unterschiedliche Prioritäten aufeinanderprallten. Durch gezielte Moderation und Verständnis konnte eine Lösung gefunden werden, die beiden Parteien gerecht wurde und das Projekt weiter voranbrachte.

3.3.4 Entscheider und Verantwortlicher

Eine Führungskraft ist schlussendlich auch immer ein Entscheider. Entscheidungen zu treffen ist eine der schwierigsten, aber auch wichtigsten Aufgaben. Es bedeutet, Verantwortung zu übernehmen, auch wenn die Konsequenzen unsicher sind. Eine gute Führungskraft zeichnet sich dadurch aus, dass sie fundierte Entscheidungen trifft und auch in unsicheren Zeiten ruhig und bestimmt handelt.

Die Entscheidungsfindung sollte transparent und nachvollziehbar sein, damit die Mitarbeiter Vertrauen in die Fähigkeiten ihrer Führungskraft entwickeln. Ein Teil der Verantwortung ist es auch, getroffene Entscheidungen zu erklären und die Mitarbeiter einzubeziehen, wenn dies möglich ist. Dies fördert das Engagement und das Verständnis für die Richtung, die das Team einschlagen soll. Ein Beispiel hierfür könnte sein, wenn eine Führungskraft eine organisatorische Veränderung offen kommuniziert, die Gründe dafür erklärt und die Mitarbeiter zu einer Diskussion einlädt. Dadurch fühlen sich die Mitarbeiter einbezogen und verstehen die Hintergründe, was das Vertrauen in die Führungskraft stärkt. Eine erfolgreiche Führungskraft sorgt dafür, dass Entscheidungsprozesse klar strukturiert sind und die Mitarbeiter die Hintergründe verstehen. Das schafft nicht nur Vertrauen, sondern auch die Bereitschaft, getroffene Entscheidungen gemeinsam umzusetzen und die Verantwortung dafür mitzutragen.

Ein weiteres Beispiel für transparente Entscheidungsfindung könnte die Einführung eines neuen Arbeitsprozesses sein. Statt einfach eine Entscheidung zu treffen und diese anzukündigen, könnte die Führungskraft das Team frühzeitig informieren, die Vorteile und möglichen Herausforderungen aufzeigen und die Mitarbeiter nach ihren Meinungen und Anregungen fragen. Diese Art der Entscheidungsfindung stärkt nicht nur das Vertrauen, sondern fördert auch das Gefühl der Mitverantwortung und des Engagements für die Umsetzung der neuen Prozesse. Transparenz bedeutet, dass alle Beteiligten die Beweggründe verstehen und die Chance erhalten, Einfluss zu nehmen, was letztlich die Qualität der Entscheidungen verbessert.

3.4 Die Balance zwischen den Rollen finden

Eine Führungskraft muss häufig zwischen den verschiedenen Rollen wechseln. Die Kunst der Führung liegt darin, den richtigen Moment zu erkennen, um als Coach zu agieren, Visionen aufzuzeigen, Konflikte zu lösen oder Entscheidungen zu treffen. Diese Balance zu finden, ist eine der herausforderndsten Aufgaben einer Führungskraft, da jede Situation ein unterschiedliches Maß an Führung und eine spezifische Rolle erfordert.

Das Verständnis der eigenen Rolle und die Flexibilität, diese Rollen je nach Bedarf zu wechseln, sind wesentliche Merkmale einer erfolgreichen Führungskraft. Letztlich geht es darum, die Bedürfnisse des Teams zu erkennen und die eigene Führungsrolle entsprechend anzupassen. Eine erfolgreiche Führungskraft zeichnet sich durch die Fähigkeit aus, eine Vielzahl von Führungsstilen und Ansätzen zu nutzen, um den unterschiedlichen Anforderungen gerecht zu werden, denen sie in ihrer täglichen Arbeit begegnet.

3.5 Kontinuierliche Weiterentwicklung und Selbstreflexion

Führung ist ein komplexer und kontinuierlicher Lernprozess. Die Bereitschaft, sich selbst weiterzuentwickeln und die eigene Führungsfähigkeit regelmäßig zu reflektieren, macht den Unterschied zwischen einer durchschnittlichen und einer exzellenten Führungskraft aus. Eine exzellente Führungskraft ruht sich nicht auf ihren Erfolgen aus, sondern hinterfragt regelmäßig ihre Entscheidungen, Methoden und den Umgang mit dem Team. Sie nutzt Rückmeldungen und Erfahrungen, um besser zu werden und die eigenen Schwächen zu erkennen und an ihnen zu arbeiten.

Eine erfolgreiche Führungskraft ist auch in der Lage, Veränderungen als Chancen zu sehen und sich neuen Herausforderungen flexibel zu stellen. Dies bedeutet nicht nur, auf technologische und organisatorische Veränderungen zu reagieren, sondern auch darauf, wie sich die Bedürfnisse der Mitarbeiter und die Dynamik innerhalb des Teams weiterentwickeln. Der Wille zur ständigen Weiterentwicklung sorgt dafür, dass Führungskräfte nicht nur ihre persönlichen Fähigkeiten schärfen, sondern auch als inspirierende Vorbilder für das Team fungieren. Dabei spielt lebenslanges Lernen eine wichtige Rolle – seien es Seminare, Workshops, das Lesen aktueller Fachliteratur oder der Austausch mit anderen Führungskräften.

3.6 Zusammenfassung

Führung ist ein vielschichtiger Prozess, der weit mehr umfasst als das bloße Anweisen von Aufgaben oder das Ausüben von Macht. Es geht darum, eine positive und produktive Arbeitsumgebung zu schaffen, in der jeder Mitarbeiter sein Potenzial ausschöpfen kann. Eine Führungskraft muss verschiedene Rollen einnehmen – sei es als Coach, Visionär, Konfliktlöser oder Entscheider. Jede dieser Rollen ist wichtig und erfordert spezifische Fähigkeiten und Anpassungsfähigkeit. Die Bereitschaft zur Selbstreflexion und kontinuierlichen Weiterentwicklung ist dabei unerlässlich.

Letztendlich ist Führung kein statischer Zustand, sondern ein dynamischer Prozess, der ständige Weiterentwicklung, Anpassungsfähigkeit und vor allem eine tiefe Empathie für die Bedürfnisse der Mitarbeiter erfordert. Eine erfolgreiche Führungskraft unterstützt ihre Mitarbeiter nicht nur darin, ihre Aufgaben zu erfüllen, sondern inspiriert sie auch, über sich hinauszuwachsen und gemeinsam zum Erfolg des Unternehmens beizutragen.

4. EMOTIONALE INTELLIGENZ

4.1 Einleitung

Emotionale Intelligenz ist ein Konzept, das zunehmend an Bedeutung gewonnen hat, insbesondere in der heutigen Arbeitswelt, in der zwischenmenschliche Beziehungen und Kommunikation zentrale Rollen spielen. Während fachliche Kompetenzen zweifellos wichtig sind, hat sich gezeigt, dass emotionale Intelligenz oft den entscheidenden Unterschied ausmacht, wenn es darum geht, wie erfolgreich jemand in einem sozialen Umfeld agiert. Sie bezeichnet die Fähigkeit, die eigenen Gefühle und die Emotionen anderer zu erkennen, zu verstehen und effektiv damit umzugehen. Diese Fähigkeit, sowohl die eigenen als auch die Emotionen der Mitmenschen wahrzunehmen und darauf einzugehen, schafft Vertrauen und fördert eine positive Kommunikation. Besonders im Arbeitsumfeld, wo es häufig um

Teamarbeit und gemeinsame Zielerreichung geht, kann emotionale Intelligenz den entscheidenden Unterschied machen.

Emotionale Intelligenz ist nicht nur ein persönliches Konzept, sondern auch ein sozialer Katalysator, der in der sich ständig verändernden Welt eine zentrale Rolle spielt. Sie hilft Menschen, sich selbst besser zu verstehen und befähigt sie, tiefere Beziehungen zu anderen aufzubauen. Insbesondere in der Arbeitswelt, in der der Erfolg oft von der Fähigkeit abhängt, effektiv in Teams zu arbeiten und sich auf die Bedürfnisse anderer einzustellen, kann emotionale Intelligenz einen erheblichen Beitrag leisten. Sie bildet das unsichtbare Fundament, auf dem Vertrauen und Zusammenhalt aufbauen, was letztendlich die Leistung und das Wohlbefinden des gesamten Teams steigert. Emotionale Intelligenz umfasst mehr als nur das Management von Emotionen. Sie ist auch eine wesentliche Voraussetzung, um Stress zu bewältigen, Konflikte gesund zu lösen und ein unterstützendes Arbeitsumfeld zu schaffen.

Dieses Kapitel untersucht die verschiedenen Aspekte der emotionalen Intelligenz und verdeutlicht, wie sie im beruflichen Kontext eingesetzt werden kann. Wir beschäftigen uns mit den Kernkomponenten der emotionalen Intelligenz, beleuchten ihre Bedeutung für Führungskräfte und stellen praktische Strategien vor, wie man emotionale Intelligenz entwickeln und im Alltag anwenden kann. Das Ziel ist es, ein Bewusstsein für die Relevanz von Emotionen in der Arbeitswelt zu schaffen und zu zeigen, wie ein bewusster Umgang mit Emotionen zu einem positiven Arbeitsklima und besseren Teamdynamiken führen kann. Emotionale Intelligenz ist ein entscheidender Faktor für die Art und Weise, wie wir Beziehungen pflegen, Konflikte bewältigen und uns selbst motivieren. Durch das Verständnis und die gezielte Anwendung emotionaler Intelligenz kann die Arbeitswelt nicht nur effizienter, sondern auch menschlicher und erfüllender gestaltet werden. Insbesondere in einer Zeit, in der Remote-Arbeit und virtuelle Kommunikation immer mehr zunehmen, wird die Fähigkeit, Emotionen zu erkennen und zu steuern, noch wichtiger.

Emotionale Intelligenz spielt auch eine entscheidende Rolle bei der persönlichen Entwicklung und dem Wachstum eines Individuums. Sie ist eng mit Konzepten wie Resilienz, Selbstbewusstsein und sozialer Verantwortung verknüpft. Durch den Ausbau emotionaler Intelligenz werden Menschen in die Lage versetzt, persönliche Herausforderungen besser zu bewältigen und als Führungspersönlichkeiten zu wachsen. Dies hat nicht nur positive Auswirkungen auf das Individuum selbst, sondern auch auf das gesamte Team und die Organisation. Emotional intelligente Führungskräfte sind empathisch, verstehen die Dynamiken innerhalb des Teams besser und können den einzigartigen Wert jedes Mitarbeiters erkennen und fördern. In einer sich wandelnden Arbeitswelt, in der emotionale Herausforderungen wie der Umgang mit Unsicherheit oder die Anpassung an Veränderungen zunehmend präsent sind, bietet emotionale Intelligenz die notwendige Stabilität und Orientierung.

4.2 Die Kernkomponenten der emotionalen Intelligenz

Emotionale Intelligenz lässt sich in verschiedene Kernkomponenten unterteilen, die gemeinsam die Fähigkeit zur effektiven Selbst- und Sozialwahrnehmung bilden. Diese Komponenten sind:

4.2.1 Selbstwahrnehmung

Die Fähigkeit, die eigenen Gefühle zu erkennen und zu verstehen, bildet die Grundlage für alle anderen Aspekte der emotionalen Intelligenz. Wer sich seiner Emotionen bewusst ist, kann bewusster entscheiden, wie er handelt. Selbstwahrnehmung bedeutet auch, die eigenen Stärken und Schwächen realistisch einzuschätzen und offen mit ihnen umzugehen. Dadurch wird man nicht nur selbstsicherer, sondern kann auch authentisch und glaubwürdig auf andere wirken. Diese Selbstkenntnis ist der erste Schritt zu einer bewussten Steuerung des eigenen Verhaltens. Eine ausgeprägte Selbstwahrnehmung hilft zudem, Emotionen frühzeitig zu erkennen, bevor sie die Kontrolle über das eigene Handeln übernehmen. Dies ermöglicht es, in schwierigen Situationen gezielt zu intervenieren und so eine Eskalation zu vermeiden.

Eine starke Selbstwahrnehmung ist auch mit der Fähigkeit verbunden, das eigene Verhalten zu reflektieren und daraus zu lernen. Menschen mit einer hohen Selbstwahrnehmung sind sich der Wirkung ihres Verhaltens auf andere bewusst und können so ihre sozialen Interaktionen bewusst steuern. Ein wichtiger Bestandteil der Selbstwahrnehmung ist die Fähigkeit zur Selbstakzeptanz – das Anerkennen und Annehmen der eigenen Emotionen, ohne sie zu verurteilen. Dies ist besonders wichtig, um eine gesunde emotionale Balance zu finden und nicht von negativen Gefühlen überwältigt zu werden. Durch die bewusste Auseinandersetzung mit den eigenen Emotionen wird es möglich, sowohl die positiven als auch die negativen Seiten des eigenen Erlebens zu verstehen und zu akzeptieren. Dies hilft nicht nur im Umgang mit Stress, sondern fördert auch die persönliche Weiterentwicklung.

4.2.2 Selbstregulierung

Das Wissen um die eigenen Gefühle reicht nicht aus; entscheidend ist, wie wir mit ihnen umgehen. Selbstregulierung bedeutet, die eigenen Emotionen unter Kontrolle zu halten und impulsives Verhalten zu vermeiden. Menschen, die ihre Emotionen gut regulieren können, sind in der Lage, auch in stressigen oder herausfordernden Situationen ruhig zu bleiben und konstruktiv zu handeln. Selbstregulierung umfasst Techniken wie Achtsamkeit, die uns helfen, uns auf das Hier und Jetzt zu konzentrieren und unnötigen Stress zu vermeiden. Dies hilft nicht nur im Umgang mit anderen, sondern trägt auch maßgeblich zur eigenen Resilienz und Stressbewältigung bei. Darüber hinaus ermöglicht Selbstregulierung eine bessere Anpassung an unvorhergesehene Veränderungen. In der heutigen schnelllebigen Welt ist die Fähigkeit, flexibel auf neue Gegebenheiten zu reagieren, von unschätzbarem Wert.

Selbstregulierung bedeutet auch, sich von negativen Denkmustern zu befreien und konstruktive Strategien zu entwickeln, um mit Herausforderungen umzugehen. Ein Beispiel dafür ist das Erlernen von Entspannungstechniken, wie z. B. Atemübungen oder Meditation, die helfen, Stress abzubauen und eine positive Grundhaltung zu fördern. Selbstregulierung hilft dabei, nicht nur im Berufsleben effektiv zu agieren, sondern auch die persönliche Zufriedenheit zu steigern. Führungskräfte, die Selbstregulierung beherrschen, sind in der Lage, ihrem Team auch in turbulenten Zeiten Sicherheit zu vermitteln und ein Vorbild im Umgang mit Schwierigkeiten zu sein. Diese Fähigkeit zur emotionalen Selbstregulierung ist insbesondere im Hinblick auf die Vorbildfunktion einer Führungskraft wichtig, da sie die Basis für ein stabiles und produktives Arbeitsumfeld schafft. Wenn Führungskräfte ihre eigenen Emotionen verstehen und kontrollieren können, haben sie die Fähigkeit, Ruhe und Zuversicht auf ihr Team zu übertragen, selbst wenn schwierige Herausforderungen bewältigt werden müssen.

4.2.3 Motivation

Motivation beschreibt die Fähigkeit, sich selbst zu begeistern und eine positive Einstellung zu bewahren. Menschen mit hoher emotionaler Intelligenz sind in der Lage, ihre inneren Antriebe zu erkennen und diese in Energie für die Erreichung von Zielen umzuwandeln. Es geht darum, intrinsische Motivation zu fördern, also die Freude an der Tätigkeit selbst, anstatt sich nur von äußeren Belohnungen leiten zu lassen. Menschen mit einer starken inneren Motivation sind widerstandsfähiger gegenüber Rückschlägen und bleiben auch bei schwierigen Herausforderungen engagiert. Emotionale Intelligenz hilft dabei, die eigenen Ziele klar zu definieren und eine positive innere Einstellung zu bewahren, selbst wenn äußere Umstände widrig sind. Eine starke innere Motivation ist auch wichtig, um langfristige Ziele zu verfolgen, insbesondere dann, wenn der Weg dorthin von Hindernissen gesäumt ist. Emotionale Intelligenz unterstützt dabei, die Motivation in schwierigen Zeiten aufrechtzuerhalten und durch Selbstreflexion den Fokus nicht zu verlieren.

Motivation ist auch eng mit Zielsetzung und Selbstdisziplin verknüpft. Emotionale Intelligenz befähigt Menschen, klare und realistische Ziele zu setzen und diese beharrlich zu verfolgen. Diese Zielorientierung ist besonders im beruflichen Umfeld von Vorteil, da sie nicht nur die Produktivität steigert, sondern auch die persönliche Zufriedenheit erhöht. Menschen, die sich ihrer Motivationsquellen bewusst sind, können diese auch im Team nutzen und andere inspirieren. Führungskräfte mit hoher emotionaler Intelligenz sind in der Lage, eine motivierende Arbeitsumgebung zu schaffen, in der Mitarbeiter ihre Stärken entfalten und sich mit den Zielen der Organisation identifizieren können. Eine motivierte Belegschaft trägt maßgeblich zum Erfolg einer Organisation bei, da motivierte Mitarbeiter nicht nur produktiver sind, sondern auch eine größere Zufriedenheit und Bindung zum Unternehmen zeigen. Emotionale Intelligenz ermöglicht es Führungskräften, die tieferliegenden Motivationen ihrer Mitarbeiter zu verstehen und dadurch eine Atmosphäre zu schaffen, die Engagement und Leidenschaft fördert.

4.2.4 Empathie

Empathie ist die Fähigkeit, die Gefühle anderer zu verstehen und sich in ihre Lage zu versetzen. Dies ist besonders wichtig im Umgang mit Mitarbeitern, da es Führungskräften ermöglicht, auf die Bedürfnisse und Sorgen der Teammitglieder einzugehen. Empathie bedeutet nicht nur, die Gefühle anderer zu erkennen, sondern auch, entsprechend darauf zu reagieren. Dies kann bedeuten, Unterstützung anzubieten, Verständnis zu zeigen oder einfach nur zuzuhören. Empathie schafft eine Verbindung zwischen Menschen und fördert ein Gefühl von Gemeinschaft und Vertrauen. In Teams, in denen Empathie gelebt wird, entsteht eine Kultur der gegenseitigen Unterstützung, die nicht nur das Wohlbefinden steigert, sondern auch die Zusammenarbeit effektiver macht. Empathische Führungskräfte können außerdem Missverständnisse minimieren und eine offene Kommunikation fördern, was wiederum zu einer höheren Zufriedenheit und Motivation im Team führt. Empathie fördert zudem das gegenseitige Verständnis, was insbesondere in multikulturellen Teams, in denen unterschiedliche kulturelle Hintergründe aufeinandertreffen, von besonderer Bedeutung ist.

Empathie trägt maßgeblich zur Stärkung der Teamdynamik bei und hilft dabei, eine inklusive und unterstützende Kultur zu fördern. Sie ermöglicht es, Spannungen und Konflikte frühzeitig zu erkennen und angemessen darauf zu reagieren. Führungskräfte, die Empathie praktizieren, haben die Fähigkeit, ihr Team durch schwierige Zeiten zu führen und dabei den individuellen Bedürfnissen und Gefühlen jedes Teammitglieds Rechnung zu tragen.

Dies trägt nicht nur zur Zufriedenheit der Mitarbeiter bei, sondern steigert auch deren Engagement und die Bereitschaft, sich aktiv in den Arbeitsprozess einzubringen. Empathie bedeutet auch, eine emotionale Bindung aufzubauen, die das gegenseitige Vertrauen stärkt und die Grundlage für eine produktive Zusammenarbeit schafft. Die Fähigkeit, sich in die Perspektive anderer hineinzuversetzen, ist besonders wichtig, um ein Verständnis für deren Verhalten und Bedürfnisse zu entwickeln. Diese Art der Führung sorgt für eine positive Atmosphäre, in der jedes Teammitglied sich wertgeschätzt fühlt und das Beste geben möchte.

4.2.5 Soziale Kompetenz

Soziale Kompetenz bedeutet, gut mit anderen Menschen umgehen zu können, Beziehungen aufzubauen und zu pflegen. Sie umfasst Fähigkeiten wie Kommunikation, Konfliktlösung und die Fähigkeit zur Teamarbeit. Soziale Kompetenz ist die Fähigkeit, die Dynamik von Beziehungen zu verstehen und aktiv zu gestalten. Dies umfasst sowohl die Fähigkeit, Gespräche zu führen, die andere inspirieren und motivieren, als auch die Fähigkeit, Konflikte zu deeskalieren und Lösungen zu finden, die für alle Beteiligten tragbar sind. Eine ausgeprägte soziale Kompetenz ermöglicht es, ein positives Umfeld zu schaffen, in dem alle Mitglieder ihren Beitrag leisten können und sich wertgeschätzt fühlen. Soziale Kompetenz spielt auch eine zentrale Rolle in der Führung: Führungskräfte mit starker sozialer Kompetenz sind in der Lage, Netzwerke aufzubauen, unterschiedliche Perspektiven zu integrieren und eine Kultur der Zusammenarbeit zu fördern. Diese Fähigkeit hilft nicht nur dabei, die Effizienz von Teams zu steigern, sondern auch, Innovationen zu fördern, da alle Mitglieder ermutigt werden, ihre Ideen beizutragen.

Menschen mit hoher sozialer Kompetenz sind in der Lage, effektiv mit einer Vielzahl von Persönlichkeiten umzugehen. Dies ist besonders wichtig in der heutigen Arbeitswelt, in der Diversität eine immer größere Rolle spielt. Führungskräfte mit hoher sozialer Kompetenz sind in der Lage, die Stärken jedes einzelnen Teammitglieds zu erkennen und zu fördern, Konflikte konstruktiv zu lösen und ein Umfeld zu schaffen, in dem jeder sich wohlfühlt und sein Bestes geben kann. Soziale Kompetenz beinhaltet auch die Fähigkeit, anderen zuzuhören, Feedback zu geben und die Dynamik in einer Gruppe positiv zu beeinflussen. Ein starkes Netzwerk und die Fähigkeit, Beziehungen zu pflegen, sind entscheidende Faktoren für den beruflichen Erfolg. Soziale Kompetenz hilft nicht nur dabei, eine angenehme Arbeitsatmosphäre zu schaffen, sondern auch das Vertrauen und die Bindung innerhalb des Teams zu stärken.

4.3 Bedeutung der emotionalen Intelligenz im Führungskontext

Emotionale Intelligenz ist besonders für Führungskräfte von entscheidender Bedeutung, da sie die Grundlage für eine effektive und respektvolle Zusammenarbeit bildet. Führungskräfte, die in der Lage sind, die eigenen und die Emotionen anderer zu verstehen, können besser auf die Bedürfnisse ihrer Mitarbeiter eingehen, Konflikte lösen und eine vertrauensvolle Arbeitsumgebung schaffen. Dies fördert nicht nur die Mitarbeiterzufriedenheit, sondern führt auch zu einer höheren Produktivität und einem verbesserten Arbeitsklima.

Emotionale Intelligenz ermöglicht es Führungskräften, auf die individuellen Stärken und Schwächen ihrer Teammitglieder einzugehen und diese gezielt zu fördern. Empathische Führungskräfte sind in der Lage, die Bedürfnisse ihrer Mitarbeiter zu erkennen und darauf einzugehen, was zu einem stärkeren Zusammenhalt und einer höheren Motivation führt. Darüber hinaus hilft emotionale Intelligenz dabei, Konflikte frühzeitig zu erkennen und konstruktiv zu lösen, bevor sie eskalieren. Dies trägt maßgeblich dazu bei, ein harmonisches und produktives Arbeitsumfeld zu schaffen.

Führungskräfte mit hoher emotionaler Intelligenz sind auch in der Lage, eine Kultur der Offenheit und des Vertrauens zu etablieren, in der Mitarbeiter sich trauen, ihre Meinung zu äußern und ihre Ideen einzubringen. Dies fördert nicht nur die Kreativität und Innovation innerhalb des Teams, sondern stärkt auch das Gefühl der Zugehörigkeit und Wertschätzung. Emotionale Intelligenz befähigt Führungskräfte zudem, mit Stress und Druck besser umzugehen und in schwierigen Situationen einen klaren Kopf zu bewahren. Dies ist besonders wichtig, um das Team in herausfordernden Zeiten zu motivieren und den Fokus auf die gemeinsamen Ziele zu halten.

Eine emotional intelligente Führungskraft erkennt auch die Bedeutung der eigenen Vorbildfunktion. Indem sie ihre eigenen Emotionen reguliert und empathisch auf die Bedürfnisse anderer eingeht, setzt sie einen Standard für das Verhalten innerhalb des Teams. Mitarbeiter orientieren sich oft am Verhalten ihrer Vorgesetzten, und eine Führungskraft, die emotionale Intelligenz vorlebt, inspiriert ihr Team, ebenfalls emotional intelligent zu handeln. Dies schafft eine positive Dynamik, die das gesamte Arbeitsumfeld nachhaltig beeinflusst.

Emotionale Intelligenz ist daher ein entscheidender Faktor für den Erfolg von Führungskräften. Sie ermöglicht es, starke und vertrauensvolle Beziehungen aufzubauen, Konflikte effektiv zu bewältigen und ein Umfeld zu schaffen, in dem Mitarbeiter ihr volles Potenzial entfalten können. In einer Arbeitswelt, die sich ständig verändert und in der Anpassungsfähigkeit und Zusammenarbeit immer wichtiger werden, ist emotionale Intelligenz eine der wichtigsten Fähigkeiten, die Führungskräfte entwickeln sollten.

4.4 Praktische Strategien zur Entwicklung emotionaler Intelligenz

Um emotionale Intelligenz zu entwickeln, gibt es verschiedene Ansätze und Strategien, die sowohl im beruflichen als auch im privaten Kontext angewendet werden können:

1. **Selbstreflexion üben**: Nehmen Sie sich regelmäßig Zeit, um über Ihre eigenen Gefühle und Reaktionen nachzudenken. Fragen Sie sich, warum Sie in bestimmten Situationen auf eine bestimmte Weise reagiert haben, und versuchen Sie, Ihre emotionalen Auslöser zu identifizieren.
2. **Achtsamkeit praktizieren**: Achtsamkeit hilft dabei, im Moment präsent zu sein und die eigenen Gefühle ohne Bewertung wahrzunehmen. Dies fördert nicht nur die Selbstwahrnehmung, sondern hilft auch dabei, Emotionen besser zu regulieren.

3. **Empathie entwickeln**: Versuchen Sie, sich in die Lage anderer zu versetzen, und hören Sie aktiv zu. Stellen Sie offene Fragen und zeigen Sie echtes Interesse an den Gefühlen und Perspektiven Ihrer Mitmenschen.
4. **Feedback einholen**: Bitten Sie Kollegen oder Freunde um Feedback zu Ihrem Verhalten, insbesondere im Hinblick auf Ihre emotionale Wirkung. Dies hilft Ihnen, blinde Flecken zu erkennen und sich weiterzuentwickeln.
5. **Konflikte als Lernchance betrachten**: Lernen Sie, Konflikte nicht zu meiden, sondern als Chance zur Verbesserung der Kommunikation zu betrachten. Üben Sie, Konflikte konstruktiv anzugehen und offen über Emotionen zu sprechen.
6. **Emotionale Sprache verwenden**: Üben Sie, Emotionen bewusst zu benennen. Indem Sie die richtigen Worte für Ihre Gefühle finden, fällt es Ihnen leichter, diese zu verarbeiten und zu kommunizieren.
7. **Stärken stärken**: Nutzen Sie Ihre Stärken bewusst, um sich selbst zu motivieren und emotionale Herausforderungen zu meistern. Wenn Sie wissen, wo Ihre Kompetenzen liegen, können Sie auch in schwierigen Situationen selbstbewusster auftreten.

4.5 Zusammenfassung

Emotionale Intelligenz ist ein zentraler Bestandteil für den Erfolg in der modernen Arbeitswelt. Sie ermöglicht es Führungskräften, nicht nur sich selbst besser zu verstehen und zu steuern, sondern auch auf die Bedürfnisse ihrer Mitarbeiter einzugehen und eine unterstützende, produktive Arbeitsumgebung zu schaffen. Die Fähigkeit, die eigenen Emotionen und die anderer zu verstehen und zu regulieren, fördert nicht nur das individuelle Wohlbefinden, sondern auch die Teamdynamik und den Gesamterfolg einer Organisation.

Emotionale Intelligenz umfasst fünf Kernkomponenten: Selbstwahrnehmung, Selbstregulierung, Motivation, Empathie und soziale Kompetenz. Diese Fähigkeiten helfen dabei, sowohl in stressigen als auch in alltäglichen Situationen angemessen zu reagieren und positive Beziehungen zu pflegen.

Emotionale Intelligenz lässt sich trainieren und ausbauen, und jede Führungskraft, die langfristig erfolgreich sein will, sollte sich bewusst mit ihrer
eigenen emotionalen Intelligenz auseinandersetzen.

Indem Führungskräfte emotionale Intelligenz entwickeln, können sie nicht
nur ihre eigenen Fähigkeiten stärken, sondern auch die Motivation und Zufriedenheit ihrer Mitarbeiter fördern. Die emotionale Intelligenz von Führungskräften schafft eine Kultur des Vertrauens, der Offenheit und der Zusammenarbeit, die weit über den Arbeitsalltag hinaus positive Effekte hat.
In einer Zeit, in der technische Fähigkeiten oft im Vordergrund stehen, zeigt
sich immer mehr, dass der menschliche Faktor – und damit die emotionale
Intelligenz – den entscheidenden Unterschied macht.

5. KOGNITIVE VERZERRUNGEN IN DER FÜHRUNG

Kognitive Verzerrungen sind mentale Abkürzungen, sogenannte Heuristiken, die es uns ermöglichen, schnell auf komplexe Situationen zu reagieren,
indem sie die Menge der zu verarbeitenden Informationen reduzieren.
Diese Abkürzungen sind zwar oft hilfreich, können jedoch zu Fehlurteilen
und Verzerrungen führen, die unser Urteilsvermögen beeinflussen. In der
Führung können solche Verzerrungen große Auswirkungen haben – sei es
bei der Beurteilung von Mitarbeitern, der Einschätzung ihrer Fähigkeiten
oder der Selbstreflexion der eigenen Fähigkeiten als Führungskraft. Führungskräfte, die sich ihrer kognitiven Verzerrungen bewusst sind, können
fundiertere Entscheidungen treffen, die Zusammenarbeit im Team verbessern und das volle Potenzial ihrer Mitarbeiter ausschöpfen. In diesem Kapitel werden wir uns mit verschiedenen kognitiven Verzerrungen befassen,
die im Arbeitsalltag von Führungskräften auftreten, und Wege aufzeigen,
wie man sie erkennen und minimieren kann.

5.1 Bestätigungsfehler (Confirmation Bias)

Eine der häufigsten kognitiven Verzerrungen in der Führung ist der sogenannte Bestätigungsfehler (Confirmation Bias). Dieser beschreibt die Tendenz, Informationen so auszuwählen und zu interpretieren, dass sie die

eigenen Vorannahmen oder Überzeugungen bestätigen. Eine Führungskraft, die zum Beispiel glaubt, dass ein Mitarbeiter nicht in der Lage ist, komplexe Aufgaben zu übernehmen, wird dazu neigen, vor allem Hinweise zu suchen, die diese Annahme bestätigen. Dadurch vernachlässigt sie eventuell gegenteilige Hinweise, wie etwa erfolgreiche Projekte, die der Mitarbeiter zuvor bewältigt hat. Diese Verzerrung kann dazu führen, dass der Mitarbeiter nie die Chance bekommt, seine Fähigkeiten unter Beweis zu stellen.

Der Bestätigungsfehler kann dazu führen, dass Führungskräfte nur das sehen, was sie sehen wollen. Dies führt zu einem eingeschränkten Blick und letztlich zu Entscheidungen, die auf einem unvollständigen oder sogar fehlerhaften Bild basieren. Um dem entgegenzuwirken, ist es wichtig, dass Führungskräfte bewusst versuchen, auch gegenteilige Belege zu suchen und ihre Meinungen immer wieder zu hinterfragen. Auf diese Weise kann eine objektivere, fundierte Einschätzung der Mitarbeiter und ihrer Fähigkeiten erreicht werden.

Fallbeispiel: Ein Teamleiter ist der Überzeugung, dass ein Mitarbeiter nicht gut mit Zeitdruck umgehen kann. Daher beauftragt er ihn nur mit Aufgaben, die keine engen Fristen haben. Selbst wenn der Mitarbeiter eine Aufgabe effizient erledigt, betrachtet der Teamleiter dies als Ausnahme. Langfristig kann dieses Verhalten dazu führen, dass der Mitarbeiter weniger herausfordernde Aufgaben erhält und dadurch weniger Gelegenheiten hat, sich weiterzuentwickeln. Es entsteht eine Art selbsterfüllende Prophezeiung: Der Mitarbeiter wird in seiner beruflichen Entwicklung gehemmt, weil die Führungskraft ihm nicht zutraut, komplexere Aufgaben zu bewältigen, und der Mitarbeiter sich dieser Erwartung entsprechend verhält.

5.2 Der Halo-Effekt

Der Halo-Effekt beschreibt die Tendenz, eine Person aufgrund einer positiven Eigenschaft auch in anderen Bereichen positiver zu bewerten. Dies kann dazu führen, dass Führungskräfte dazu neigen, die Leistungen bestimmter Mitarbeiter zu überbewerten, weil sie diese beispielsweise als besonders sympathisch oder engagiert wahrnehmen. So kann es vorkommen, dass der Mitarbeiter, der durch seine positive Ausstrahlung hervorsticht, weniger Kritik für Fehler erhält oder bevorzugt befördert wird, obwohl andere Teammitglieder objektiv die besseren Leistungen erbringen.

Der Halo-Effekt führt oft zu einer Verzerrung, die andere, möglicherweise ebenso fähige oder sogar talentiertere Teammitglieder benachteiligt. Führungskräfte, die sich dieses Effekts bewusst sind, sollten versuchen, Mitarbeiter nach objektiven Kriterien zu bewerten und die Sympathie nicht als Maßstab für Kompetenz zu verwenden. Zudem ist es hilfreich, regelmäßige Leistungsgespräche durchzuführen, bei denen die einzelnen Stärken und Schwächen der Teammitglieder systematisch und datenbasiert besprochen werden.

Fallbeispiel: Ein Projektmanager nimmt an, dass eine besonders charismatische Mitarbeiterin auch in allen anderen Bereichen des Jobs überdurchschnittlich gut ist. Dadurch bekommt sie oft verantwortungsvolle Aufgaben, auch wenn sie in spezifischen Bereichen gar nicht so qualifiziert ist. Andere Teammitglieder hingegen, die ähnlich gute oder bessere Fähigkeiten haben, erhalten weniger Möglichkeiten, was zu Frustration und Demotivation führen kann.

5.3 Der Anker-Effekt

Der Anker-Effekt tritt auf, wenn Menschen sich zu stark an einer bestimmten Information orientieren und diese als Bezugspunkt nehmen, selbst wenn sie wenig Aussagekraft hat. In der Führung kann dies bedeuten, dass eine frühere Bewertung oder ein bestimmtes Ereignis die Wahrnehmung eines Mitarbeiters dauerhaft beeinflusst. Zum Beispiel kann eine schlechte Leistung in der Probezeit dazu führen, dass die Führungskraft den Mitarbeiter auch noch Monate später als weniger kompetent betrachtet, obwohl dieser sich inzwischen deutlich verbessert hat.

Der Anker-Effekt zeigt, wie stark erste Eindrücke die spätere Bewertung beeinflussen können. Führungskräfte sollten versuchen, solche Anker zu vermeiden, indem sie regelmäßig objektive Bewertungen vornehmen und die Entwicklung des Mitarbeiters kontinuierlich im Blick behalten. Auf diese Weise wird vermieden, dass eine anfängliche Einschätzung die gesamte berufliche Laufbahn des Mitarbeiters in eine bestimmte Richtung lenkt.

Fallbeispiel: Ein Mitarbeiter hat in der ersten Woche nach seinem Einstieg Schwierigkeiten, die internen Prozesse zu verstehen. Diese anfänglichen Schwierigkeiten führen dazu, dass die Führungskraft den Mitarbeiter auch langfristig als weniger fähig wahrnimmt. Selbst wenn der Mitarbeiter später konstant gute Leistungen zeigt, bleibt das Bild der anfänglichen Schwäche als Anker bestehen und beeinflusst das Urteil der Führungskraft.

5.4 Der Status-quo-Bias

Der Status-quo-Bias beschreibt die Tendenz, den aktuellen Zustand zu bevorzugen und Veränderungen zu vermeiden. Führungskräfte könnten aufgrund dieser Verzerrung dazu neigen, bewährte Mitarbeiter in ihren derzeitigen Rollen zu belassen, auch wenn es Potenzial für Veränderung oder Weiterentwicklung gäbe. Dies kann dazu führen, dass Talente unentdeckt bleiben und die Entwicklung von Mitarbeitern behindert wird.

Der Status-quo-Bias kann besonders problematisch sein, wenn es darum geht, neue Talente zu fördern oder frischen Wind in bestehende Strukturen zu bringen. Führungskräfte sollten bewusst die Möglichkeit in Betracht ziehen, Veränderungen vorzunehmen, auch wenn diese mit Risiken verbunden sind. Ein gesunder Umgang mit Veränderung und ein gewisses Maß an Flexibilität sind essenziell, um die Entwicklung des Teams und der einzelnen Mitarbeiter zu fördern.

Fallbeispiel: Ein Mitarbeiter zeigt ein hohes Potenzial für eine Führungsrolle, doch die Führungskraft scheut sich, ihn zu befördern, weil sie bequemerweise den Status quo aufrechterhalten möchte. Dadurch wird nicht nur die Entwicklung des Mitarbeiters blockiert, sondern auch die Chance verpasst, eine wertvolle Führungspersönlichkeit zu gewinnen.

5.5 Der Attributionsfehler

Der Attributionsfehler beschreibt die Tendenz, das Verhalten anderer Menschen auf deren Persönlichkeit oder Fähigkeiten zurückzuführen, während äußere Umstände vernachlässigt werden. In der Führung führt dieser Fehler häufig zu einer Fehlbeurteilung von Mitarbeitenden. Beispielsweise könnte eine Führungskraft das Verhalten eines Mitarbeiters als Zeichen von Unfähigkeit oder mangelndem Engagement interpretieren, anstatt die möglichen externen Ursachen – wie fehlende Ressourcen oder hohe Arbeitsbelastung – zu berücksichtigen.

Der Attributionsfehler kann zu Ungerechtigkeiten und falschen Einschätzungen führen, was wiederum die Motivation und das Vertrauen der Mitarbeiter beeinträchtigen kann. Führungskräfte sollten sich stets bemühen, das Gesamtbild zu betrachten und auch die äußeren Umstände, unter denen eine Leistung erbracht wurde, in ihre Beurteilung einfließen zu lassen.

Fallbeispiel: Ein Mitarbeiter liefert ein Projekt verspätet ab, weil er aufgrund unvorhergesehener Probleme mit der Software aufgehalten wurde. Die Führungskraft führt die Verzögerung jedoch ausschließlich auf mangelnde Disziplin des Mitarbeiters zurück, anstatt die äußeren Umstände zu berücksichtigen. Diese verzerrte Wahrnehmung kann dazu führen, dass der Mitarbeiter als unzuverlässig wahrgenommen wird, obwohl er hart gearbeitet hat.

5.6 Strategien zur Minimierung kognitiver Verzerrungen

Es ist wichtig, dass Führungskräfte kognitive Verzerrungen erkennen und bewusst gegensteuern, um fundierte Entscheidungen zu treffen. Hier sind einige Strategien, um die Auswirkungen kognitiver Verzerrungen zu minimieren:

Bewusste Selbstreflexion: Führungskräfte sollten ihre Entscheidungsprozesse regelmäßig reflektieren und hinterfragen, ob ihre Urteile auf objektiven Informationen oder auf subjektiven Annahmen beruhen. Eine regelmäßige Selbstreflexion hilft dabei, blinde Flecken zu erkennen und ein-gefahrene Denkmuster zu hinterfragen. Es kann hilfreich sein, spezifische Fragen zu stellen, wie etwa: "Auf welcher Basis habe ich diese Entscheidung getroffen?" oder "Welche Informationen habe ich möglicherweise nicht be-rücksichtigt?".

Feedback von Dritten einholen: Durch die Perspektive anderer Personen können blinde Flecken aufgedeckt und Verzerrungen identifiziert werden. Feedback von Kollegen, Vorgesetzten oder auch Teammitgliedern bietet die Möglichkeit, bestehende Wahrnehmungsverzerrungen zu hinterfragen und neue Perspektiven zu gewinnen. Der Austausch mit neutralen Dritten kann dabei helfen, bestehende Vorurteile abzubauen und eine objektivere Sichtweise zu entwickeln.

Datenbasierte Entscheidungen treffen: Entscheidungen sollten so oft wie möglich auf objektiven Daten beruhen, anstatt sich allein auf Intuition oder Vorannahmen zu verlassen. Statistiken und Fakten können dabei helfen, die emotionale Komponente einer Entscheidung zu minimieren und eine ob-jektivere Sichtweise einzunehmen. Datenanalysen und regelmäßige Leis-tungsmessungen bieten eine solide Grundlage, um objektiv bewerten zu können, wie sich ein Mitarbeiter entwickelt hat.

Bewusst Verhaltensmuster durchbrechen: Führungskräfte sollten sich be-wusst darum bemühen, Mitarbeiter auch mit Aufgaben zu betrauen, die nicht ihren bisherigen Mustern entsprechen, um ihnen Chancen zur Wei-terentwicklung zu bieten und die eigenen Vorurteile zu überwinden. Dies bedeutet auch, Mitarbeiter gezielt aus ihrer Komfortzone herauszufordern, um ihnen die Möglichkeit zu geben, sich neuen Aufgaben zu stellen und zu wachsen. Die Förderung von Talenten sollte auf objektiven Kriterien basie-ren und nicht durch bestehende Denkmuster eingeschränkt werden.

Training und Weiterbildung: Regelmäßige Trainings zu kognitiven Verzer-rungen und unbewussten Denkmustern können Führungskräften helfen, ein Bewusstsein für diese Problematik zu entwickeln. Schulungen in Berei-chen wie Unconscious Bias, Diversität und Inklusion fördern das

Verständnis dafür, wie Wahrnehmungsverzerrungen entstehen und wie man ihnen entgegenwirkt. Workshops und Coaching-Sitzungen bieten darüber hinaus Raum für die Selbstreflexion und den Austausch von Erfahrungen.

Kulturelle Vielfalt fördern: Ein vielfältiges Team bringt unterschiedliche Perspektiven und Denkmuster mit sich, was dazu beitragen kann, individuelle Verzerrungen zu minimieren. Führungskräfte, die eine offene und inklusive Teamkultur fördern, stellen sicher, dass verschiedene Meinungen gehört werden und weniger Raum für individuelle Verzerrungen bleibt. Eine Kultur der Diversität hilft dabei, Stereotypen zu überwinden und die Vorteile unterschiedlicher Sichtweisen zu nutzen.

5.7 Zusammenfassung

Kognitive Verzerrungen beeinflussen das Urteilsvermögen von Führungskräften und können sowohl die Einschätzung der Mitarbeiter als auch die Selbstwahrnehmung verfälschen. Der Bestätigungsfehler, der Halo-Effekt, der Anker-Effekt, der Status-quo-Bias und der Attributionsfehler sind nur einige Beispiele für solche Verzerrungen, die im beruflichen Alltag eine Rolle spielen können. Diese Verzerrungen sind tief in unserer Art, die Welt zu verarbeiten, verankert und resultieren häufig aus Heuristiken, die unser Gehirn verwendet, um schnelle Entscheidungen zu treffen. Indem Führungskräfte sich dieser Denkfehler bewusst werden und Strategien entwickeln, um ihnen entgegenzuwirken, können sie fairere, fundiertere Entscheidungen treffen und das Potenzial ihrer Mitarbeiter voll ausschöpfen. **Der bewusste Umgang mit kognitiven Verzerrungen führt zu einer gerechteren, produktiveren und motivierenden Arbeitsumgebung, in der alle Teammitglieder ihre Stärken optimal einbringen können.**

Es geht nicht nur darum, Verzerrungen zu minimieren, sondern auch darum, eine Kultur der Offenheit, des Lernens und der kontinuierlichen Verbesserung zu fördern, die sowohl das individuelle Wachstum als auch den Teamerfolg unterstützt. Dies erfordert von Führungskräften eine konsequente Selbstreflexion, die Bereitschaft zur Veränderung und das

Engagement, sich kontinuierlich weiterzuentwickeln. Führungskräfte, die ihre kognitiven Verzerrungen überwinden können, legen die Grundlage für eine inklusive und positive Arbeitsatmosphäre, in der jeder Mitarbeiter sein Bestes geben kann. Nur durch den aktiven Umgang mit diesen Herausforderungen kann eine Führungsqualität erreicht werden, die die Motivation der Mitarbeiter steigert und zu einer nachhaltigen Verbesserung der Teamleistung führt. Letztlich ist es das Ziel, durch das Erkennen und Minimieren von Verzerrungen die Weichen für eine gerechte und erfolgreiche Zusammenarbeit zu stellen, die alle Beteiligten befähigt, ihr volles Potenzial zu entfalten.

6. SOZIALPSYCHOLOGISCHE PROZESSE DES GRUPPENVERHALTENS

6.1 Einleitung

Das Verhalten von uns Menschen in einer Gruppe unterscheidet sich oft stark von unserem Verhalten, wenn wir allein sind. Dieser Unterschied ist bedeutsam, da Gruppenverhalten stark durch soziale Einflüsse geprägt wird, die sowohl positive als auch negative Auswirkungen auf unsere Entscheidungen und unser Handeln haben können. In einer Gruppe neigen Menschen dazu, sich anzupassen, sei es aus dem Wunsch heraus, dazuzugehören, oder um den Erwartungen der Gruppe zu entsprechen. Ein alltägliches Beispiel ist das Verhalten in einem Restaurant: Während viele Menschen allein vielleicht ruhig und zurückhaltend sind, neigen sie in einer Gruppe von Freunden dazu, lauter zu reden und sich offener zu verhalten. Ein weiteres Beispiel aus dem Arbeitsumfeld ist das Verhalten während einer Teambesprechung: Mitarbeiter, die in Einzelgesprächen eher zurückhaltend sind, passen sich in Gruppenmeetings oft stärker den Meinungen der Mehrheit an und äußern weniger kontroverse Ansichten. Diese Anpassung geschieht meist unbewusst und ist das Ergebnis sozialer Dynamiken, die in Gruppen entstehen.

Gruppenverhalten ist ein faszinierendes Feld, das viele Facetten hat. In sozialen Gruppen entstehen oft komplexe Dynamiken, die das Verhalten der

Mitglieder beeinflussen. Verschiedene psychologische Mechanismen kommen ins Spiel, wenn Menschen in Gruppen agieren. Einerseits kann Gruppendruck dazu führen, dass sich Individuen konform verhalten und ihre Meinungen an die Mehrheit anpassen. Andererseits kann das Gefühl der Zugehörigkeit und Unterstützung innerhalb der Gruppe das Selbstbewusstsein der Mitglieder stärken und sie motivieren, neue Herausforderungen anzunehmen. Diese Prozesse finden nicht nur in formalen Gruppen wie Teams am Arbeitsplatz statt, sondern auch in informellen sozialen Kreisen, wie Freundesgruppen oder Vereinen.

Das Verständnis dieser Prozesse ist entscheidend, da nur so die Interaktionen und die Entwicklung einer Gruppe gezielt gesteuert werden können. Führungskräfte und Teamleiter stehen oft vor der Herausforderung, die Dynamik innerhalb ihrer Teams positiv zu beeinflussen und Konflikte zu vermeiden. Gruppenverhalten ist nicht nur ein Zusammenspiel von individuellen Entscheidungen, sondern wird stark durch gemeinsame Normen, das Bedürfnis nach Zugehörigkeit und das Streben nach Anpassung beeinflusst. Informelle Regeln innerhalb einer Gruppe—auch als soziale Normen bezeichnet—beeinflussen maßgeblich, wie Mitglieder miteinander interagieren. Diese Normen sind oft ungeschrieben, aber sehr mächtig, da sie das Verhalten jedes Einzelnen formen und die Erwartungen innerhalb der Gruppe festlegen.

Ein weiterer wichtiger Aspekt, der das Gruppenverhalten beeinflusst, ist die Führung innerhalb der Gruppe. Die Art und Weise, wie eine Führungskraft agiert, kann den Zusammenhalt und die Effizienz der Gruppe entscheidend beeinflussen. Eine unterstützende und inklusive Führung kann beispielsweise dazu beitragen, dass sich alle Mitglieder gehört und wertgeschätzt fühlen. Dadurch entsteht ein Umfeld, in dem sich die Gruppenmitglieder sicher fühlen, ihre Meinungen zu äußern, auch wenn diese von der Mehrheit abweichen. Eine autoritäre oder unflexible Führung hingegen kann dazu führen, dass die Gruppenmitglieder sich zurückziehen oder ihre wahren Gedanken nicht teilen, was zu einer geringeren Kreativität und schlechteren Problemlösungskompetenz führt.

Dieses Kapitel gibt einen allgemeinen Überblick über die sozialpsychologischen Prozesse, die das Verhalten von Menschen in Gruppen beeinflussen. Es wird untersucht, wie soziale Normen, Konformität, Führung und Gruppenphasen das Verhalten innerhalb einer Gruppe prägen können. Dabei werden sowohl die positiven als auch die negativen Auswirkungen dieser Prozesse beleuchtet und praktische Ansätze vorgestellt, wie Führungskräfte und Mitglieder von Gruppen diese Dynamiken besser verstehen und zu ihrem Vorteil nutzen können. Indem wir verstehen, wie Gruppen funktionieren, können wir nicht nur Konflikte minimieren, sondern auch eine Atmosphäre schaffen, die das Potenzial der Gruppe maximiert und das Wohlbefinden der einzelnen Mitglieder fördert.

Letztlich geht es darum, die Macht der sozialen Einflüsse zu erkennen und gezielt zu nutzen. Die Psychologie des Gruppenverhaltens bietet uns eine Vielzahl von Werkzeugen, um effektiver miteinander zu arbeiten, sei es in der Schule, am Arbeitsplatz oder im privaten Umfeld. Mit einem tieferen Verständnis dieser Prozesse können wir die positiven Aspekte des Gruppenlebens stärken und die negativen minimieren. Dies erfordert jedoch, dass wir uns kontinuierlich mit der Dynamik unserer Gruppen auseinandersetzen und bereit sind, unser eigenes Verhalten zu reflektieren und anzupassen.

6.2 Das Prinzip der Zugehörigkeit

Das Bedürfnis nach Zugehörigkeit ist eines der grundlegenden sozialen Bedürfnisse des Menschen. Seit Beginn der menschlichen Evolution waren wir stets darauf angewiesen, in Gruppen zu leben. Diese Notwendigkeit resultierte aus der Tatsache, dass wir in der Gruppe besser überleben konnten, uns gegenseitig schützen und Nahrung teilen konnten. Das Leben in sozialen Gemeinschaften sicherte nicht nur das Überleben, sondern ermöglichte auch die Weitergabe von Wissen, die Bildung von Kultur und die emotionale Unterstützung in schwierigen Zeiten. Aus dieser tiefen Verwurzelung entwickelte sich das Bedürfnis des Menschen nach sozialer Zugehörigkeit – ein Bedürfnis, das sich bis in die heutige Zeit erhalten hat und immer noch starken Einfluss auf unser Verhalten und unsere Entscheidungen nimmt.

In der heutigen Arbeitswelt spielt das Bedürfnis nach Zugehörigkeit eine zentrale Rolle. Mitarbeiter, die sich als Teil eines Teams fühlen, sind in der Regel engagierter, motivierter und produktiver. Die Zugehörigkeit zu einer Gruppe befriedigt unser Bedürfnis nach sozialer Bestätigung, Anerkennung und emotionaler Sicherheit. Es vermittelt uns das Gefühl, dass wir nicht alleine sind, dass unsere Beiträge geschätzt werden und dass wir uns auf andere verlassen können. Für eine Führungskraft ist es deshalb von großer Bedeutung, das Bedürfnis der Mitarbeiter nach Zugehörigkeit zu verstehen und gezielt zu fördern, um ein Umfeld zu schaffen, in dem alle Mitarbeiter ihr volles Potenzial entfalten können.

6.2.1 Warum haben Menschen das Bedürfnis nach Zugehörigkeit?

Das Bedürfnis nach Zugehörigkeit ist psychologisch tief in uns verankert und spielt eine entscheidende Rolle für unser Wohlbefinden. Es ist eng verbunden mit unserem Selbstwertgefühl, da wir durch soziale Beziehungen Bestätigung und Anerkennung erhalten. Verschiedene psychologische Theorien, darunter die Selbstbestimmungstheorie, betonen, dass das Gefühl der Zugehörigkeit eine der grundlegenden Voraussetzungen für menschliche Motivation und Zufriedenheit ist. Das Bedürfnis nach Zugehörigkeit dient uns als sozialer Anker, der uns Stabilität und Identität verleiht.

Eine wichtige psychologische Grundlage für dieses Bedürfnis ist die Theorie der sozialen Identität, die davon ausgeht, dass Menschen einen großen Teil ihres Selbstwerts aus den Gruppen beziehen, denen sie angehören. Wenn Menschen sich mit einer Gruppe identifizieren können, wird diese Gruppe ein Teil ihrer eigenen Identität. Daraus ergibt sich ein starkes Bestreben, das Wohl der Gruppe zu fördern, in der Gruppe anerkannt zu werden und positive Beziehungen zu den anderen Mitgliedern der Gruppe aufzubauen. Das Bedürfnis nach Zugehörigkeit ist also kein oberflächlicher Wunsch, sondern eine tief verwurzelte, psychologische Notwendigkeit, die unser Wohlbefinden, unsere Motivation und unsere Leistungsfähigkeit beeinflusst.

Die Bindung an eine Gruppe hilft uns auch dabei, Angst und Unsicherheit zu reduzieren. In unsicheren Situationen bietet die Zugehörigkeit zu einer Gruppe Sicherheit, da Menschen in Gruppen emotionale Unterstützung finden und durch gemeinsame Lösungen schwierige Herausforderungen besser bewältigen können. Diese psychologische Sicherheit, die durch Gruppenzugehörigkeit entsteht, ermöglicht es, mutigere Entscheidungen zu treffen und sich auf neue Herausforderungen einzulassen.

Darüber hinaus trägt die Zugehörigkeit auch dazu bei, ein Gefühl der Verlässlichkeit und des Vertrauens in die eigene Umgebung aufzubauen. Menschen sind soziale Wesen, die in unsicheren Situationen den Rückhalt der Gruppe benötigen. Das Wissen, dass man nicht alleine ist und dass man sich auf die Unterstützung anderer verlassen kann, trägt maßgeblich zu einem stabilen und gesunden emotionalen Zustand bei. In der Arbeitswelt, die oft durch hohe Anforderungen und wechselnde Bedingungen geprägt ist, kann das Gefühl der Zugehörigkeit entscheidend dazu beitragen, dass Mitarbeiter sich sicher und selbstbewusst fühlen.

6.2.2 Die Rolle der Zugehörigkeit in der Führung

Eine gute Führungskraft sollte das Bedürfnis nach Zugehörigkeit nicht nur erkennen, sondern aktiv darauf eingehen. Mitarbeiter, die sich als Teil eines Teams fühlen, identifizieren sich stärker mit den Zielen des Unternehmens und sind bereit, sich für den Erfolg des Teams einzusetzen. Die Förderung der Zugehörigkeit kann durch verschiedene Maßnahmen erfolgen, wie zum Beispiel durch den Aufbau einer positiven Teamkultur, die Stärkung des Gemeinschaftsgefühls und die Einbindung der Mitarbeiter in Entscheidungsprozesse.

Führungskräfte können die Zugehörigkeit in ihren Teams fördern, indem sie für ein Klima des Vertrauens und der Wertschätzung sorgen. Es ist wichtig, eine Umgebung zu schaffen, in der Mitarbeiter das Gefühl haben, dass sie zu Wort kommen, gehört werden und ihre Meinungen geschätzt werden. Dies kann durch regelmäßige Teambesprechungen, Feedback-Schleifen und gemeinsame Problemlösungen erreicht werden. Wenn Mitarbeiter das Gefühl haben, dass ihre Beiträge geschätzt und anerkannt werden, steigt ihre Motivation und ihre Bindung an das Team.

Ein weiterer wichtiger Aspekt für die Förderung der Zugehörigkeit ist die Vorbildfunktion der Führungskraft. Wenn eine Führungskraft selbst das Gefühl der Zugehörigkeit vorlebt, also durch Empathie, Offenheit und

Vertrauen zeigt, dass sie ein Teil des Teams ist, wirkt sich dies positiv auf die gesamte Teamkultur aus. Mitarbeiter orientieren sich oft an der Führungskraft, und wenn diese in der Lage ist, Zugehörigkeit zu zeigen und den Wert des Teams zu betonen, steigt die Wahrscheinlichkeit, dass das Team ebenfalls dieses Verhalten adaptiert.

6.2.3 Praktische Führungsstrategien zur Förderung der Zugehörigkeit

1. **Gemeinsame Zielsetzung**: Eines der effektivsten Mittel zur Förderung der Zugehörigkeit ist die gemeinsame Zielsetzung. Wenn Führungskräfte ihre Mitarbeiter in den Prozess der Zieldefinition einbinden, entsteht das Gefühl, dass die Ziele des Unternehmens auch die eigenen Ziele sind. Dies schafft ein starkes Gemeinschaftsgefühl und motiviert die Mitarbeiter, diese Ziele zu erreichen. Gemeinsame Zielsetzung sorgt zudem dafür, dass die Mitarbeiter einen klaren Bezug zwischen ihrer eigenen Arbeit und dem Erfolg des Teams erkennen, was ihr Engagement verstärkt.

2. **Teambuilding-Maßnahmen**: Teambuilding-Maßnahmen sind eine bewährte Methode, um das Zusammengehörigkeitsgefühl zu stärken. Solche Maßnahmen können in Form von Workshops, gemeinsamen Aktivitäten oder sozialen Veranstaltungen durchgeführt werden. Das Ziel ist es, das Vertrauen unter den Teammitgliedern zu stärken und eine persönliche Bindung zu schaffen, die über den rein beruflichen Kontext hinausgeht. Indem regelmäßige Teamevents organisiert werden, wird das Teamgefühl langfristig gefördert, und es entsteht eine enge Bindung zwischen den Teammitgliedern, die sich positiv auf die Zusammenarbeit auswirkt.

3. **Wertschätzung und Anerkennung**: Mitarbeiter müssen das Gefühl haben, dass ihre Arbeit wertgeschätzt wird. Regelmäßige Anerkennung von Leistungen – sei es in Form von Lob in Besprechungen, persönlichen Dankesnachrichten oder auch der Erwähnung in Team-Meetings – trägt dazu bei, dass sich Mitarbeiter gesehen und respektiert fühlen. Dies stärkt ihr Gefühl der Zugehörigkeit. Dabei ist es wichtig, dass die Wertschätzung authentisch ist und auf die individuellen Leistungen eingeht, um sicherzustellen, dass die Mitarbeiter die Anerkennung als ehrlich und bedeutungsvoll wahrnehmen.

4. **Verwendung gemeinschaftlicher Sprache**: Die Art und Weise, wie Führungskräfte kommunizieren, hat einen großen Einfluss auf das Zugehörigkeitsgefühl. Das bewusste Verwenden von gemeinschaftlicher Sprache, wie beispielsweise „Wir" statt „Ich", vermittelt ein Gefühl der Einheit. Durch solche sprachlichen Mittel kann eine Führungskraft das Zugehörigkeitsgefühl der Mitarbeiter stärken. Wenn Führungskräfte in der Kommunikation auch betonen, dass Erfolge immer auf der Teamleistung basieren, stärkt dies das Gemeinschaftsgefühl weiter und sorgt dafür, dass die Mitarbeiter sich als wertvollen Teil des Teams fühlen.

5. **Gemeinsame Problemlösung**: Eine weitere wirkungsvolle Strategie, um das Zugehörigkeitsgefühl zu fördern, ist die gemeinsame Problemlösung. Wenn Herausforderungen auftreten, sollte die Führungskraft das gesamte Team in die Lösungssuche einbeziehen. Dies vermittelt den Mitarbeitern das Gefühl, dass ihre Meinungen und Ideen von Bedeutung sind und dass ihre Fähigkeiten zur Bewältigung von Schwierigkeiten beitragen können. Gemeinsame Problemlösungen fördern nicht nur das Zusammengehörigkeitsgefühl, sondern tragen auch dazu bei, die Kreativität und Innovationsfähigkeit des Teams zu stärken.

6.2.4 Die Auswirkungen fehlender Zugehörigkeit

Das Fehlen eines Zugehörigkeitsgefühls kann schwerwiegende Folgen für die Motivation und das Wohlbefinden der Mitarbeiter haben. Mitarbeiter, die sich nicht zugehörig fühlen, zeigen oft weniger Engagement, sind weniger produktiv und haben eine höhere Wahrscheinlichkeit, das Unternehmen zu verlassen. Sie fühlen sich isoliert und haben das Gefühl, dass ihre Arbeit keinen echten Wert hat. Dies führt dazu, dass sie weniger bereit sind, sich für das Team oder die Ziele des Unternehmens einzusetzen.

Ein fehlendes Zugehörigkeitsgefühl kann außerdem dazu führen, dass die Mitarbeiter weniger Vertrauen in ihre Führungskraft haben. Das Gefühl der Isolation verstärkt Unsicherheit und Angst, was sich negativ auf die allgemeine Arbeitsmoral auswirkt. In einem Umfeld, in dem Mitarbeiter das Gefühl haben, nicht dazuzugehören, steigt zudem das Risiko für Konflikte und

Missverständnisse, da es an der notwendigen emotionalen Bindung fehlt, um konstruktiv miteinander umzugehen.

Führungskräfte sollten deshalb wachsam sein, wenn Anzeichen von Isolation oder fehlender Zugehörigkeit auftreten. Es ist wichtig, rechtzeitig zu intervenieren und Maßnahmen zu ergreifen, um das Gefühl der Zugehörigkeit wiederherzustellen. Dies kann durch persönliche Gespräche, das Einbinden in Projekte oder die gezielte Wertschätzung der individuellen Stärken des Mitarbeiters geschehen. Eine Führungskraft sollte auch regelmäßig den „Kulturpuls" des Teams messen, um frühzeitig feststellen zu können, wenn Mitarbeiter sich nicht ausreichend eingebunden fühlen.

6.3 Soziale Normen und ihr Einfluss auf das Verhalten

Soziale Normen sind die unausgesprochenen Regeln, die unser Verhalten in sozialen Gruppen und Gemeinschaften bestimmen. Sie sind allgegenwärtig und spielen eine zentrale Rolle dabei, wie wir uns verhalten, wie wir denken und wie wir uns fühlen. Soziale Normen umfassen eine Vielzahl von Verhaltensweisen, Einstellungen und Erwartungen, die sich im Laufe der Zeit entwickeln und durch soziale Interaktionen verstärkt werden. In der Arbeitswelt haben soziale Normen einen besonders großen Einfluss, da sie bestimmen, wie Mitarbeiter miteinander interagieren, welche Verhaltensweisen als akzeptabel gelten und wie Entscheidungen getroffen werden. Eine erfolgreiche Führungskraft muss sich bewusst sein, wie soziale Normen innerhalb eines Teams wirken und welche Rolle sie für die Dynamik und das Verhalten der Mitarbeiter spielen. Das Verständnis von sozialen Normen ermöglicht es Führungskräften, das Verhalten im Team positiv zu beeinflussen und eine produktive Arbeitsatmosphäre zu schaffen.

6.3.1 Was sind soziale Normen?

Soziale Normen sind die impliziten oder expliziten Regeln einer Gesellschaft oder Gruppe, die bestimmen, welches Verhalten in bestimmten Situationen akzeptabel oder unangemessen ist. Sie beeinflussen unser Verhalten, indem sie eine Richtschnur dafür geben, was als „richtig" oder „falsch" wahrgenommen wird. Solche Normen entstehen oft spontan und entwickeln sich über Zeit durch gemeinschaftliche Erfahrungen und Gewohnheiten. Sie können so tief verwurzelt sein, dass sie sogar unbewusst unser Verhalten steuern, ohne dass wir aktiv darüber nachdenken. Häufig nehmen wir soziale Normen erst dann bewusst wahr, wenn sie gebrochen werden oder wenn wir in eine neue Umgebung kommen, in der andere Normen gelten.

Es gibt verschiedene Arten von sozialen Normen. Eine wichtige Unterscheidung liegt zwischen deskriptiven und injunktiven Normen. Deskriptive Normen geben vor, was die meisten Menschen in einer bestimmten Situation tun. Ein Beispiel dafür wäre, dass die meisten Mitarbeiter pünktlich zur Arbeit kommen. Diese Art der Norm beschreibt das tatsächliche Verhalten, das von einer Mehrheit gezeigt wird, und dient als Hinweis darauf, welches Verhalten als normal angesehen wird. Injunktive Normen hingegen vermitteln, welches Verhalten von der Gemeinschaft gewünscht und positiv bewertet wird. Ein Beispiel dafür ist die Erwartung, dass Kollegen sich gegenseitig unterstützen und respektvoll miteinander umgehen. Diese Normen basieren auf Werten und geben vor, was als moralisch oder ethisch richtig betrachtet wird. Beide Normenarten haben großen Einfluss auf das Verhalten von Individuen und spielen eine wesentliche Rolle für das Funktionieren sozialer Gruppen. Das Verständnis dieser Normen hilft Führungskräften, Erwartungen zu klären und ein positives Arbeitsklima zu fördern.

6.3.2 Soziale Normen und ihr Einfluss auf das Verhalten im Team

In einem Team oder einer Organisation bestimmen soziale Normen, wie die Mitglieder miteinander umgehen, wie Probleme gelöst werden und welche Werte als wichtig erachtet werden. Eine Gruppe kann zum Beispiel die Norm haben, dass offene Kommunikation gefördert wird, und damit ein Umfeld schaffen, in dem es allen Mitgliedern leichter fällt, ihre Meinungen zu äußern. Eine solche Norm schafft eine Kultur der Transparenz und des gegenseitigen Vertrauens, die das Fundament für eine effektive Zusammenarbeit bildet. Gleichzeitig kann auch die Norm bestehen, Konflikte zu vermeiden, was langfristig dazu führt, dass unterschwellige Spannungen nicht thematisiert und Probleme nicht nachhaltig gelöst werden. Dies kann die Teamdynamik negativ beeinflussen und dazu führen, dass sich ein negatives Arbeitsklima entwickelt, das auf Dauer die Produktivität und Motivation der Teammitglieder mindert.

Führungskräfte haben eine zentrale Rolle, wenn es darum geht, soziale Normen im Team zu formen und zu etablieren. Durch das eigene Verhalten, das Setzen von Erwartungen und die Art der Kommunikation kann eine Führungskraft Normen schaffen, die das Team in die gewünschte Richtung führen. Wenn eine Führungskraft zum Beispiel Ehrlichkeit und Transparenz vorlebt, entsteht eine Norm, in der offene Kommunikation wertgeschätzt wird. Dadurch wird das Verhalten der Teammitglieder in diese Richtung geformt. Dies bedeutet, dass Führungskräfte durch ihr Verhalten die Werte und Standards des Teams aktiv prägen können. Eine Führungskraft, die auf ethisches Verhalten achtet, Respekt und Fairness zeigt, wird ein Umfeld schaffen, in dem auch die Mitarbeiter diese Werte übernehmen und sich entsprechend verhalten. Eine klare Vorbildfunktion ist ein wirksames Mittel, um das Verhalten des gesamten Teams positiv zu beeinflussen.

6.3.3 Die Rolle der Konformität

Ein wichtiger Aspekt, der mit sozialen Normen verbunden ist, ist die Konformität. Konformität beschreibt die Neigung von Individuen, ihr Verhalten an die Erwartungen der Gruppe anzupassen. Diese Anpassung erfolgt oft, um soziale Anerkennung zu erlangen oder Ablehnung zu vermeiden. Menschen passen sich sozialen Normen an, weil sie das Gefühl haben, dass sie dadurch besser in die Gruppe passen und eine höhere Akzeptanz erfahren. Der Druck zur Konformität kann jedoch sowohl positive als auch negative Auswirkungen haben. Während Konformität in vielen Fällen dazu führt, dass Individuen sich an die gesellschaftlichen Regeln halten und kooperativ sind, kann sie in anderen Fällen dazu führen, dass Menschen unüberlegt handeln oder sich an negativen Gruppenverhaltensweisen beteiligen, um nicht aus der Gruppe ausgeschlossen zu werden.

Ein berühmtes Beispiel für die Macht der Konformität ist das Asch-Experiment. In den 1950er Jahren führte der Psychologe Solomon Asch eine Reihe von Experimenten durch, um zu untersuchen, inwieweit Individuen bereit sind, sich der Meinung einer Gruppe anzupassen, auch wenn diese offensichtlich falsch ist. In diesen Experimenten wurden den Teilnehmern einfache Linienzeichnungen gezeigt, und sie sollten angeben, welche Linie die gleiche Länge hatte wie eine Referenzlinie. Das Interessante daran war, dass alle außer einem der Teilnehmer in Wirklichkeit Schauspieler waren, die vorher instruiert wurden, absichtlich falsche Antworten zu geben. Der echte Teilnehmer war somit unter sozialem Druck, der Gruppenmeinung zu folgen. Die Ergebnisse zeigten, dass eine beträchtliche Anzahl von Menschen bereit war, ihre eigene Wahrnehmung zu ignorieren und sich der falschen Meinung der Gruppe anzupassen. Dieses Experiment zeigt deutlich, wie stark der Einfluss der Gruppe sein kann, selbst in Situationen, in denen die richtige Antwort offensichtlich ist.

Ein klassisches Beispiel für Konformität in der Arbeitswelt ist die Übernahme bestimmter Verhaltensweisen und Einstellungen, die in einem Team als wünschenswert gelten. Wenn es beispielsweise in einem Team als Norm angesehen wird, dass alle Mitglieder über ihre Arbeitszeiten hinaus Engagement zeigen, werden sich neue Mitglieder oft diesem Verhalten anpassen, auch wenn sie ursprünglich andere Einstellungen hatten. Diese Art der Anpassung kann zu einem „Kulturdruck" führen, der sowohl förderlich als auch belastend sein kann. Führungskräfte sollten sich der Wirkung der Konformität bewusst sein, da diese sowohl positiv als auch negativ sein kann. Eine starke, positive Teamkultur kann die Motivation fördern, während eine toxische Norm zu Stress und Frustration führen kann. Wichtig ist, dass Führungskräfte sicherstellen, dass die Normen, an denen sich Mitarbeiter orientieren, konstruktiv sind und das Wohl des Teams fördern. Sie sollten aktiv darauf achten, dass negative Normen identifiziert und durch positive Verhaltensweisen ersetzt werden, die das Team und die individuelle Zufriedenheit stärken.

6.3.4 Wie können Führungskräfte soziale Normen gezielt beeinflussen?

Führungskräfte haben die Möglichkeit, soziale Normen gezielt zu beeinflussen, um das Verhalten ihrer Mitarbeiter in eine positive Richtung zu lenken. Dazu gehören folgende Strategien:

1. **Vorbildfunktion übernehmen**: Führungskräfte sind Vorbilder, und ihr Verhalten hat einen großen Einfluss darauf, welche Normen im Team entstehen. Wenn eine Führungskraft Werte wie Respekt, Offenheit und Zusammenarbeit vorlebt, werden diese Normen auch von den Teammitgliedern übernommen. Es ist entscheidend, dass Führungskräfte konsistent in ihrem Verhalten sind, da Mitarbeiter

schnell merken, wenn eine Führungskraft nicht nach den eigenen Ansprüchen handelt. Diese Inkonsistenz kann das Vertrauen und die Motivation im Team beeinträchtigen. Führungskräfte sollten sich darüber im Klaren sein, dass ihr Verhalten von den Mitarbeitern beobachtet wird und direkten Einfluss darauf hat, welche Normen sich im Team etablieren.

2. **Kommunikation von Erwartungen**: Normen entstehen oft dadurch, dass Erwartungen ausgesprochen oder implizit vermittelt werden. Eine Führungskraft sollte klar kommunizieren, welches Verhalten im Team erwünscht ist und welches nicht. Durch gezieltes Feedback können unerwünschte Verhaltensweisen korrigiert und gewünschte verstärkt werden. Regelmäßige Gespräche über Erwartungen und Werte helfen den Mitarbeitern, besser zu verstehen, was von ihnen erwartet wird, und fördern ein Gefühl der Zugehörigkeit und des Engagements. Die Kommunikation sollte nicht nur informativ, sondern auch motivierend sein, damit Mitarbeiter die Werte und Erwartungen verinnerlichen und danach handeln können.

3. **Positive Verstärkung**: Anerkennung und Wertschätzung sind wichtige Werkzeuge, um positive Normen zu etablieren. Wenn Mitarbeiter für ihr Engagement und ihre Zusammenarbeit gelobt werden, verstärkt dies die Norm des kooperativen Verhaltens und motiviert andere, sich ebenfalls in diese Richtung zu bewegen. Positive Verstärkung muss spezifisch und authentisch sein, damit sie effektiv ist. Wenn Mitarbeiter das Gefühl haben, dass ihre individuellen Beiträge gesehen und wertgeschätzt werden, steigt die Motivation, weiter zum Teamerfolg beizutragen. Eine Kultur der Wertschätzung trägt maßgeblich zur Schaffung einer positiven und produktiven Teamatmosphäre bei.

4. **Teambuilding und gemeinsame Werte entwickeln**: Gemeinsame Aktivitäten und Workshops können dabei helfen, Werte und Normen im Team zu entwickeln. Wenn alle Mitglieder aktiv an der Entwicklung der Teamwerte beteiligt sind, steigt die Wahrscheinlichkeit, dass diese auch respektiert und umgesetzt werden. Teambuilding-Aktivitäten stärken nicht nur die Beziehung zwischen den Teammitgliedern, sondern schaffen auch eine Basis des gegenseitigen Vertrauens. Workshops, in denen Werte wie Respekt und

Offenheit diskutiert werden, helfen, das Bewusstsein für die Bedeutung dieser Werte im täglichen Arbeitsleben zu schärfen. Diese Maßnahmen fördern eine Kultur der Zusammenarbeit und des Verständnisses, die die Grundlage für ein starkes und engagiertes Team bildet.

5. **Transparenz und Konsequenzen**: Klare Regeln und die Konsequenzen bei Missachtung können dazu beitragen, dass Normen eingehalten werden. Es ist wichtig, dass Normen nicht nur kommuniziert, sondern auch gelebt und konsequent eingefordert werden. Eine Führungskraft sollte transparent machen, welche Erwartungen sie an das Team hat, und bei Abweichungen konsequent handeln. Dadurch wird deutlich, dass Normen ernst genommen werden und nicht nur leere Worte sind. Es geht nicht nur darum, Sanktionen zu verhängen, sondern auch darum, die Bedeutung der Normen zu unterstreichen und sicherzustellen, dass alle Teammitglieder ein gemeinsames Verständnis haben. Transparenz fördert das Vertrauen der Mitarbeiter und zeigt, dass alle nach denselben Maßstäben beurteilt werden.

6.4 Soziale Identität und Deindividuation

Ein weiterer wichtiger Mechanismus im Gruppenverhalten ist die soziale Identität, die eng mit dem Phänomen der Deindividuation verbunden ist. Menschen neigen dazu, sich in Gruppen einzufügen, um das Gefühl der Zugehörigkeit zu erfahren. Diese Zugehörigkeit ist ein wichtiger Teil unserer sozialen Identität und beeinflusst stark, wie wir uns verhalten. Eine Gruppe gibt uns Orientierung, Sicherheit und das Gefühl, Teil von etwas Größerem zu sein. Das Bedürfnis, sich mit einer Gruppe zu identifizieren, entsteht oft aus dem Wunsch nach Stabilität und Zugehörigkeit. Dies führt dazu, dass die Gruppenmitgliedschaft oft nicht nur auf oberflächlichen Gemeinsamkeiten beruht, sondern auch emotionale Aspekte wie Stolz, Loyalität und sogar Opferbereitschaft umfasst.

Denken wir an einen Stadionbesuch bei einem Fußballspiel: Hier fühlen sich die Menschen als Teil einer großen Gemeinschaft und verhalten sich anders als im Alltag. Viele schreien, singen und jubeln, weil sie sich als Teil der Gruppe definieren. Das Verhalten wird stark von der Dynamik der umgebenden Gruppe bestimmt. Menschen, die im Alltag eher ruhig und zu-rückhaltend sind, können in der Masse zu enthusiastischen Fans werden. Sie stellen ihre individuelle Identität zugunsten der Gruppenidentität zu-rück. Ähnliches Verhalten sieht man bei Konzerten oder Festivals, wo der Gruppenzusammenhalt und das kollektive Erlebnis im Vordergrund stehen. Menschen handeln im Einklang mit der Gruppe und erfahren dabei ein star-kes Zugehörigkeitsgefühl, das über die individuellen Bedürfnisse hinaus-geht.

Diese soziale Identität kann jedoch auch zu Deindividuation führen, bei der Menschen ihre individuelle Identität verlieren und sich in der Gruppe auflö-sen. In manchen Fällen führt dies dazu, dass Menschen ihre Hemmungen verlieren und Dinge tun, die sie alleine niemals tun würden. Ein Beispiel hierfür sind Massenproteste, die in Gewalt ausarten. Wenn Menschen in ei-ner großen Gruppe agieren, fühlen sie sich weniger verantwortlich für ihre individuellen Handlungen, weil sie sich in der Anonymität der Gruppe sicher fühlen.

Deindividuation kann auch in weniger drastischen Situationen beobachtet werden. Beispielsweise lassen sich Menschen auf Konzerten von der Menge mitreißen, singen laut mit oder tanzen, obwohl sie normalerweise eher zurückhaltend sind. Sie empfinden weniger soziale Kontrolle über ihr Verhalten, da es in der Masse nicht so stark wahrgenommen wird. Im be-ruflichen Kontext zeigt sich Deindividuation häufig in großen Teams oder bei anonymen Feedbackrunden, in denen Einzelne dazu neigen, aggressive-res oder weniger konstruktives Feedback zu geben, weil sie sich durch die Gruppe geschützt fühlen. Ein weiteres Beispiel ist das Verhalten bei Online-Meetings, in denen Teilnehmer in großen Gruppen weniger geneigt sind, ihre Meinung zu äußern, weil sie sich hinter der Anonymität oder der Menge verstecken können. Deindividuation tritt ebenfalls in Online-Umge-bungen auf, etwa in sozialen Netzwerken oder Kommentarbereichen. Ein typisches Beispiel ist das Phänomen des sogenannten "Trollens", bei dem Menschen absichtlich provokante oder verletzende Kommentare posten, weil sie sich durch die Anonymität des Internets geschützt fühlen und die Konsequenzen ihres Verhaltens nicht direkt spüren. Diese Enthemmung wird durch das Gefühl begünstigt, nicht zur Verantwortung gezogen zu werden.

Interessanterweise kann Deindividuation auch positive Effekte haben. Beispielsweise in religiösen oder spirituellen Versammlungen, in denen Menschen das Gefühl haben, Teil von etwas Größerem zu sein. In solchen Situationen kann die Auflösung der individuellen Identität dazu führen, dass Menschen mehr Mitgefühl und Einheit erleben. Es zeigt sich also, dass Deindividuation sowohl destruktive als auch konstruktive Kräfte freisetzen kann, je nachdem, in welchem Kontext sie stattfindet.

Ein weiteres Beispiel für die positiven Aspekte der sozialen Identität und Deindividuation ist die Zusammenarbeit im Rahmen von Hilfsaktionen. Menschen, die bei Naturkatastrophen oder anderen Krisensituationen helfen, berichten oft von einem starken Gefühl der Gemeinschaft und Solidarität, das sie dazu motiviert, über ihre individuellen Bedürfnisse hinauszugehen. Das Gefühl, Teil einer altruistischen Gruppe zu sein, kann dazu führen, dass Menschen großzügiger, hilfsbereiter und opferbereiter werden, als sie es normalerweise wären.

6.5 Verantwortungsdiffusion

Ein weiterer sozialer Mechanismus, der das Verhalten in Gruppen beeinflusst, ist die Verantwortungsdiffusion. Wenn Menschen in einer Gruppe sind, tendieren sie dazu, weniger Verantwortung zu übernehmen, als wenn sie allein sind. Der Gedanke dahinter ist, dass die Verantwortung auf mehrere Schultern verteilt wird und der Einzelne deshalb weniger Initiative zeigen muss. Dies kann dazu führen, dass Menschen in Gruppen weniger schnell eingreifen, wenn sie eine Notfallsituation beobachten, weil sie davon ausgehen, dass jemand anders handeln wird.

Ein bekanntes Beispiel ist der Bystander-Effekt („Zuschauereffekt"): Wenn viele Menschen Zeugen einer Notfallsituation werden, greifen oft weniger Personen ein, als wenn nur wenige anwesend sind. Jeder geht davon aus, dass ein anderer helfen wird. Diese Verantwortungsdiffusion zeigt, dass Gruppen nicht immer zu besseren Entscheidungen oder erhöhter Hilfsbereitschaft führen, sondern im Gegenteil auch zur Passivität beitragen können. Ein bekanntes Beispiel hierfür ist der Fall von Kitty Genovese in den 1960er Jahren, bei dem zahlreiche Nachbarn ihre Schreie hörten, aber niemand eingriff, weil alle dachten, jemand anderes würde helfen. Dies illustriert, wie gefährlich die Annahme sein kann, dass man in einer Gruppe keine individuelle Verantwortung tragen muss.

Verantwortungsdiffusion tritt jedoch nicht nur in Notsituationen auf. Auch im Arbeitskontext kann sie beobachtet werden, wenn Aufgaben nicht klar zugewiesen werden. Menschen fühlen sich oft weniger motiviert, Initiative zu zeigen, wenn sie glauben, dass jemand anders dafür verantwortlich ist. Dies zeigt, wie wichtig es ist, klare Verantwortlichkeiten zu definieren, um sicherzustellen, dass die Arbeit effizient erledigt wird und jeder Einzelne sich seiner Rolle bewusst ist. Führungskräfte sollten darauf achten, Verantwortung explizit zuzuweisen, um sicherzustellen, dass Aufgaben nicht in einem „Graubereich" verbleiben und damit womöglich nicht erledigt werden.

Die Verantwortungsdiffusion kann auch bei Gruppenentscheidungen eine Rolle spielen. Wenn ein Team eine wichtige Entscheidung treffen muss, neigen Einzelne oft dazu, die Verantwortung auf die Gruppe abzuschieben, was im Extremfall zu schlechten Entscheidungen führen kann. Eine klare Aufgabenverteilung und das Bewusstsein über den individuellen Beitrag sind entscheidend, um Verantwortungsdiffusion in Teams zu vermeiden und eine hohe Leistungsbereitschaft zu gewährleisten.

6.6 Zusammenfassung

Die sozialen Mechanismen, die das Verhalten in Gruppen beeinflussen, sind vielfältig und komplex. Konformität, soziale Identität, Deindividuation und Verantwortungsdiffusion sind nur einige der Prozesse, die erklären, warum Menschen in Gruppen anders agieren als alleine. Diese Dynamiken haben große Auswirkungen auf die Teamarbeit und die Atmosphäre innerhalb eines Teams. Eine erfolgreiche Führungskraft muss diese Prozesse verstehen, um Teams effektiv zu leiten.

Führungskräfte sollten sich bemühen, eine Kultur zu schaffen, in der Offenheit, individuelle Verantwortung und eine positive Gruppenidentität gefördert werden. Das Verständnis der sozialen Mechanismen hilft dabei, gezielte Interventionen vorzunehmen, um eine positive Teamdynamik zu fördern. Dazu gehört es, Verantwortlichkeiten klar zu definieren, die Kommunikation zu fördern und eine Umgebung zu schaffen, in der abweichende Meinungen als Bereicherung angesehen werden. Nur durch ein tiefes Verständnis dieser psychosozialen Prozesse kann eine Führungskraft das volle Potenzial eines Teams freisetzen und gleichzeitig eine unterstützende und produktive Arbeitsatmosphäre schaffen.

Letztendlich hängt der Erfolg eines Teams stark von der Fähigkeit der Führungskraft ab, Dynamiken zu erkennen, zu steuern und positive Veränderungen zu fördern. Gruppenprozesse wie Konformität, Verantwortungsdiffusion oder die Bildung einer gemeinsamen Identität sind wichtige Faktoren, die sich auf die Leistung und die Atmosphäre in einem Team auswirken können. Die kontinuierliche Weiterentwicklung und das geschickte Managen der verschiedenen Phasen und Rollen im Team tragen entscheidend dazu bei, eine leistungsstarke und harmonische Zusammenarbeit zu ermöglichen.

7. TEAMENTWICKLUNG

7.1 Einleitung

Nachdem wir die grundlegenden Mechanismen des Gruppenverhaltens untersucht haben, wenden wir uns nun der Teamentwicklung zu. Dabei betrachten wir die sozialen Prozesse, die das Verhalten in Teams beeinflussen. Teamentwicklung ist ein dynamischer und kontinuierlicher Prozess, der sicherstellt, dass eine Gruppe von Individuen sich zu einem effektiven und harmonisch arbeitenden Team entwickelt. Dieser Prozess umfasst verschiedene Phasen und setzt voraus, dass die Gruppenmitglieder lernen, effektiv zusammenzuarbeiten, Konflikte konstruktiv zu lösen und gemeinsame Ziele zu verfolgen. Darüber hinaus spielt die Anpassungsfähigkeit der Führungskraft eine wesentliche Rolle dabei, wie erfolgreich dieser Prozess verläuft.

In diesem Kapitel werden wir die verschiedenen Phasen der Teamentwicklung, das bekannte Tuckman-Modell sowie die Rolle der Führungskraft und weitere zentrale Faktoren zur Förderung eines positiven Teamentwicklungsprozesses näher betrachten. Zusätzlich werden wir spezifische Strategien beleuchten, die Führungskräfte anwenden können, um den Übergang zwischen den Phasen zu erleichtern und sicherzustellen, dass das Team auf einem erfolgreichen Weg bleibt. Außerdem werden wir untersuchen, wie

Teamentwicklung in der Praxis durch gezielte Interventionen, Anpassungen und die Anwendung bewährter Methoden unterstützt werden kann.

7.2 Die Phasen der Teamentwicklung nach Tuckman

Das Modell von Bruce Tuckman ist eine der bekanntesten Theorien zur Teamentwicklung. Es beschreibt die verschiedenen Phasen, die jedes Team durchläuft, um schließlich zu einem funktionalen, produktiven Team zu werden. Diese Phasen sind essenziell, um den Wandel vom bloßen Zusammenschluss von Einzelpersonen zu einer kohärenten Einheit zu verstehen, die effizient zusammenarbeitet. Die Phasen sind:

7.2.1 Forming (Orientierungsphase)

In der Orientierungsphase treffen sich die Teammitglieder zum ersten Mal und lernen sich kennen. Unsicherheiten sind weit verbreitet, da sich die Mitglieder noch nicht gut kennen und versuchen, ihren Platz in der Gruppe zu finden. Die Führungskraft spielt hier eine entscheidende Rolle, indem sie klare Ziele setzt, Erwartungen formuliert und eine Umgebung schafft, die Sicherheit und Vertrauen fördert. Zum Beispiel kann die Führungskraft durch regelmäßige Einzelgespräche und das Bereitstellen von klaren Handlungsrahmen den Teammitgliedern helfen, Unsicherheiten abzubauen und Vertrauen in die eigene Rolle zu entwickeln. Ein Kick-off-Meeting, in dem alle wichtigen Informationen zum Projekt erläutert werden, kann den Teammitgliedern helfen, ihre Unsicherheiten abzubauen und eine positive Grundlage für die Zusammenarbeit zu schaffen.

Es ist auch hilfreich, in dieser Phase Teambuilding-Aktivitäten durchzuführen, die darauf abzielen, erste Bindungen zu schaffen. Diese Aktivitäten können einfache Vorstellungsrunden oder Aufgaben sein, die auf die Stärken der einzelnen Mitglieder abzielen, um ein Gefühl von Gemeinschaft und Wertschätzung zu fördern. Die Führungskraft sollte sicherstellen, dass alle Mitglieder gehört werden, um frühzeitig eine inklusive Teamkultur zu etablieren. Zudem ist es wichtig, eine transparente Kommunikationsstruktur aufzubauen, die Raum für offene Fragen und Unsicherheiten lässt. Dies legt den Grundstein für eine Kultur des Vertrauens und der Offenheit.

7.2.2 Storming (Konfliktphase)

In der Konfliktphase werden die Teammitglieder selbstbewusster und beginnen, ihre eigenen Ansichten und Meinungen stärker zu vertreten. Das führt oft zu Konflikten, wenn unterschiedliche Arbeitsstile oder Ziele aufeinandertreffen. Diese Phase ist oft von Spannungen geprägt, die das Potenzial für zukünftiges Wachstum bergen. Konflikte sind ein natürlicher Bestandteil der Teamentwicklung, da unterschiedliche Meinungen aufeinandertreffen und Teammitglieder lernen müssen, miteinander umzugehen.

Die Aufgabe der Führungskraft ist es, diese Konflikte konstruktiv zu moderieren und sicherzustellen, dass sie genutzt werden, um das Team weiterzuentwickeln. Konflikte können helfen, Rollen klarer zu definieren und Erwartungen zu klären, solange sie respektvoll und lösungsorientiert behandelt werden. Die Führungskraft sollte sich bemühen, durch gezielte Mediationsmethoden das Verständnis zwischen den Teammitgliedern zu fördern und durch Techniken wie „aktives Zuhören" sicherstellen, dass alle Stimmen im Team gehört werden. Dies schafft ein Umfeld, in dem Konflikte als Wachstumschance und nicht als Hindernis wahrgenommen werden.

Die Konfliktphase bietet auch die Gelegenheit, eine Feedbackkultur innerhalb des Teams zu etablieren. Dies kann beispielsweise durch regelmäßige Feedbackgespräche oder retrospektive Meetings unterstützt werden, in denen die Teammitglieder offen über ihre Erfahrungen und Verbesserungsvorschläge sprechen. Durch regelmäßige Feedback-Sitzungen kann die Führungskraft dazu beitragen, dass die Teammitglieder lernen, konstruktives Feedback anzunehmen und ihre Arbeitsweise kontinuierlich zu verbessern. Ein weiterer wichtiger Aspekt ist die Stärkung der emotionalen Intelligenz im Team. Durch gezielte Workshops und Trainings können Teammitglieder lernen, ihre Emotionen und die ihrer Kollegen besser zu verstehen, was den Umgang mit Konflikten erleichtert und das gegenseitige Verständnis fördert.

7.2.3 Norming (Normierungsphase)

Nach der Konfliktphase beginnt das Team, gemeinsame Regeln zu entwickeln und findet zu einer effektiveren Zusammenarbeit. Das "Wir-Gefühl" wächst, und es entstehen Normen, die die Zusammenarbeit erleichtern. Diese Phase markiert den Übergang von einem Haufen von Individuen zu einem echten Team, das zusammenarbeitet, um gemeinsame Ziele zu erreichen. Die Mitglieder verstehen zunehmend ihre Rollen, wobei sowohl formelle als auch informelle Rollen wichtig werden. Die Dynamik der Gruppe wird dadurch stabiler und harmonischer.

Die Führungskraft unterstützt das Team, indem sie Maßnahmen zur Teambildung organisiert oder Workshops anbietet, um die Kommunikation zu verbessern. In dieser Phase ist es entscheidend, informelle Anführer zu identifizieren und sie in ihrer Rolle zu stärken, damit sie das Team zusammenhalten und unterstützen können. Solche Anführer können als Vermittler agieren und sicherstellen, dass das Team weiterhin auf Kurs bleibt. Informelle Führungspersönlichkeiten können auch dazu beitragen, das gegenseitige Vertrauen zu stärken und die Zusammenarbeit zu fördern.

Es kann auch nützlich sein, teaminterne Regeln und Erwartungen formell zu definieren. Diese Normen könnten beispielsweise beinhalten, wie Besprechungen abgehalten werden, wie Konflikte gelöst werden sollen oder welche Kommunikationswege genutzt werden. Die Führungskraft sollte dabei darauf achten, dass diese Normen von allen Teammitgliedern mitgetragen werden und die Einhaltung dieser Regeln fördern. Dies trägt dazu bei, ein Umfeld zu schaffen, in dem sich jedes Mitglied sicher fühlt und seine Meinung äußern kann, ohne negative Konsequenzen befürchten zu müssen.

7.2.4 Performing (Arbeitsphase)

In der Arbeitsphase hat das Team seine produktivste Form erreicht. Die Mitglieder arbeiten harmonisch zusammen, sind motiviert und leisten einen großen Beitrag zur Erreichung der gemeinsamen Ziele. Hier zeigt sich die Stärke eines gut entwickelten Teams: Die Teammitglieder sind sich ihrer Rollen bewusst, sie arbeiten effizient und tragen durch ihre individuellen

Stärken zum Erfolg bei. Diese Phase ist durch eine hohe Eigenverantwortung und ein starkes Vertrauen in die Fähigkeiten jedes Einzelnen geprägt.

In dieser Phase agiert die Führungskraft eher als Coach, der die Teammitglieder inspiriert und unterstützt, während sie Verantwortung übernehmen und eigenständig arbeiten. Regelmäßiges Feedback, das sowohl positive als auch konstruktive Aspekte umfasst, hilft dem Team, auf Kurs zu bleiben und weiterhin Höchstleistungen zu erbringen. Die Führungskraft sollte dabei die Erfolge des Teams feiern und auch kleine Fortschritte anerkennen, um die Motivation hochzuhalten. Erfolgserlebnisse sollten bewusst in den Fokus gerückt werden, da sie die Bindung innerhalb des Teams stärken und das Gefühl von Zielerreichung fördern.

Auch das Setzen von neuen, herausfordernden Zielen ist wichtig, um das Team auf einem hohen Leistungsniveau zu halten. Die Führungskraft kann durch gezielte Aufgabenverteilung die Entwicklung der individuellen Teammitglieder fördern, indem sie ihnen Verantwortungsbereiche überträgt, die sie wachsen lassen. Zudem sollte sie sicherstellen, dass die Ressourcen und Werkzeuge zur Verfügung stehen, die das Team benötigt, um seine Aufgaben effektiv zu erfüllen. Workshops zur Kompetenzentwicklung und gezielte Weiterbildungsangebote können ebenfalls dazu beitragen, dass die Teammitglieder ihre Fähigkeiten erweitern und neue Herausforderungen erfolgreich meistern.

7.2.5 Adjourning (Abschlussphase)

Die Abschlussphase betrifft Teams, die nur für eine begrenzte Zeit bestehen, etwa Projektteams. Wenn das Projekt zu Ende geht, steht die Auflösung des Teams bevor. Diese Phase kann emotional sein, da die Teammitglieder oft enge Bindungen entwickelt haben und es für viele eine Herausforderung ist, diese aufzulösen. Die Auflösung eines erfolgreichen Teams kann für die Mitglieder zu Unsicherheiten führen, besonders wenn sie ungewiss sind, wie ihre nächsten Schritte aussehen.

Die Führungskraft sollte sicherstellen, dass die Teammitglieder die Möglichkeit haben, die Zusammenarbeit zu reflektieren, die Erfolge zu feiern und den Prozess positiv abzuschließen. Eine Abschlussveranstaltung kann dazu beitragen, die Leistung des Teams zu würdigen und die Teammitglieder auf ihre nächsten Herausforderungen vorzubereiten. Dies hilft nicht nur, den Abschluss positiv zu gestalten, sondern vermittelt den Teammitgliedern auch ein Gefühl der Wertschätzung für ihre Arbeit und ihren Beitrag.

Reflexionssitzungen sind ein wichtiger Bestandteil dieser Phase. Die Führungskraft kann das Team ermutigen, die Höhen und Tiefen des Projekts zu besprechen, um wertvolle Erkenntnisse zu gewinnen, die bei zukünftigen Projekten hilfreich sein können. Diese Rückschau stärkt auch das Bewusstsein für gemeinsame Erfolge und Herausforderungen und hilft den Teammitgliedern, mit einem positiven Gefühl in die nächste Aufgabe zu starten.

Die Abschlussphase bietet auch die Gelegenheit, individuelle Entwicklungen zu besprechen und den Übergang zu neuen Aufgaben oder Teams zu planen. Die Führungskraft sollte hierbei Unterstützung anbieten, um sicherzustellen, dass jedes Mitglied eine Perspektive für die Zukunft hat und motiviert ist, die nächste Herausforderung anzunehmen. Indem die Teammitglieder ihre Beiträge reflektieren und erkennen, wie sie zum Erfolg des Projekts beigetragen haben, wird der Teamzusammenhalt auch über das Ende des Projekts hinaus gestärkt.

7.3 Zusammenfassung

Die Phasen der Teamentwicklung nach Tuckman sind ein bewährtes Modell, um zu verstehen, wie sich Gruppen zu effektiven Teams entwickeln. Jede Phase – von der Orientierung über Konflikte und Normierung bis hin zur Arbeits- und Abschlussphase – bringt spezifische Herausforderungen und Chancen mit sich. Die Führungskraft spielt in jeder Phase eine entscheidende Rolle, um das Team zu unterstützen, Konflikte zu moderieren, Normen zu etablieren und die Leistung zu maximieren.

Ein tiefes Verständnis dieser Phasen ermöglicht es Führungskräften, gezielte Maßnahmen zu ergreifen, die die Entwicklung eines Teams fördern und sicherstellen, dass die Teammitglieder motiviert und engagiert bleiben. Durch Flexibilität im Führungsstil, die Förderung einer offenen Feedbackkultur und die Anerkennung von Erfolgen kann eine Führungskraft wesentlich dazu beitragen, dass ein Team nicht nur erfolgreich zusammenarbeitet, sondern auch eine positive und produktive Teamkultur entwickelt.

Letztlich ist es die Aufgabe der Führungskraft, ein Umfeld zu schaffen, in dem sich alle Teammitglieder gehört und wertgeschätzt fühlen und jeder Einzelne das Beste zum Erfolg des Teams beitragen kann. Die kontinuierliche Weiterentwicklung des Teams und das geschickte Managen der unterschiedlichen Phasen sind entscheidend, um eine leistungsstarke und harmonische Zusammenarbeit zu gewährleisten.

8. KOMMUNIKATION ALS FÜHRUNGSINSTRUMENT

8.1 Einleitung

Kommunikation ist das zentrale Element erfolgreicher Führung. Ohne klare, wirkungsvolle und zielgerichtete Kommunikation sind die besten Strategien und Ziele nur leere Worte. Kommunikation ist das Werkzeug, mit dem Führungskräfte ihre Vision vermitteln, Motivation erzeugen und Vertrauen aufbauen. In diesem Kapitel werden wir uns die Rolle der Kommunikation in der Führung genauer ansehen, verschiedene Techniken beleuchten und praxisnahe Beispiele betrachten, wie die Fähigkeit zur Kommunikation die Zusammenarbeit verbessert und Konflikte meistert. Eine Führungskraft, die effektiv kommunizieren kann, schafft nicht nur Klarheit, sondern inspiriert und motiviert ihr Team, gemeinsame Ziele zu erreichen und Herausforderungen zu meistern. Kommunikation ist nicht nur ein Mittel zur Übermittlung von Informationen, sondern auch ein entscheidender Faktor für die emotionale Verbindung zwischen Führungskraft und Team, die das Engagement und die Zusammenarbeit stärkt. Eine bewusste und durchdachte Kommunikation ermöglicht es, Barrieren abzubauen, Vertrauen zu fördern und die Arbeitszufriedenheit auf lange Sicht zu erhöhen. Sie trägt auch zur persönlichen Entwicklung jedes Teammitglieds bei, indem sie Rückmeldung und Unterstützung bietet. Die Fähigkeit zur klaren und authentischen Kommunikation schafft nicht nur eine Atmosphäre des Respekts, sondern stärkt auch die emotionale Bindung und sorgt dafür, dass sich alle Teammitglieder als wertvoller Teil des Ganzen sehen.

8.2 Die Bedeutung der Kommunikation in der Führung

Kommunikation ist der Schlüssel für die erfolgreiche Zusammenarbeit und Zielerreichung. Führungskräfte nutzen Kommunikation nicht nur, um Anweisungen zu geben, sondern auch, um eine positive Arbeitsatmosphäre zu schaffen und Vertrauen innerhalb des Teams aufzubauen. Erfolgreiche Führung bedeutet, eine Balance zwischen den Bedürfnissen des Einzelnen und den Zielen des Unternehmens zu finden und diese in einer Weise zu kommunizieren, die sowohl Verständnis als auch Motivation fördert. Eine gute Führungskraft weiß, dass Zuhören ebenso wichtig ist wie das Sprechen, da es hilft, die Anliegen der Teammitglieder zu verstehen und darauf einzugehen. Dies fördert nicht nur Vertrauen, sondern zeigt auch, dass ihre Meinungen geschätzt werden. Die Fähigkeit, auf individuelle Bedürfnisse einzugehen und die richtige Kommunikationsmethode zur richtigen Zeit zu wählen, macht den Unterschied zwischen einer durchschnittlichen und einer hervorragenden Führungskraft.

Kommunikation umfasst nicht nur das gesprochene Wort, sondern auch das geschriebene Wort, Körpersprache und den bewussten Einsatz von Pausen und Stille, um wichtige Botschaften zu verstärken. Eine Führungskraft, die diese unterschiedlichen Aspekte der Kommunikation beherrscht, kann eine nachhaltige Bindung zum Team aufbauen, die auch in schwierigen Zeiten stabil bleibt. Darüber hinaus bedeutet Kommunikation auch, Transparenz und Ehrlichkeit zu schaffen. Dies stellt sicher, dass alle Teammitglieder über relevante Informationen verfügen und sich so in den Entscheidungsprozess einbezogen fühlen. Transparenz und eine kontinuierliche Rückkopplung der Führungskraft helfen dabei, Missverständnisse zu minimieren und die Zusammenarbeit effizient zu gestalten. Es ist entscheidend, dass Führungskräfte auch offen sind, eigene Fehler einzugestehen und daraus zu lernen – dies schafft eine Kultur der Offenheit und Fehlerfreundlichkeit, die Innovation und kontinuierliche Verbesserung fördert. Eine Führungskraft, die Kommunikationsbarrieren abbaut, legt den Grundstein für eine Arbeitsumgebung, in der das Potenzial jedes Einzelnen ausgeschöpft wird. Sie fördert ein Klima des Vertrauens, in dem sich

Mitarbeitende sicher fühlen, ihre Meinungen und Ideen zu äußern, was zu einer höheren Qualität der Entscheidungsfindung führt.

8.3 Kommunikationsmodelle verstehen

Um erfolgreich zu kommunizieren, ist es wichtig, die grundlegenden Mechanismen der Kommunikation zu verstehen. Das Modell von Schulz von Thun, das „Vier-Seiten-Modell", erklärt, dass jede Nachricht vier Botschaften gleichzeitig enthält: den Sachinhalt, die Selbstoffenbarung, den Beziehungshinweis und den Appell. Für eine Führungskraft bedeutet das, die eigene Kommunikation bewusst zu reflektieren und zu erkennen, wie verschiedene Aspekte der Kommunikation bei den Teammitgliedern ankommen können. Ein Beispiel dafür ist, wenn eine Führungskraft eine Aufgabe vergibt: Die Art und Weise, wie die Aufgabe kommuniziert wird, beeinflusst die Motivation der Mitarbeiter stark — je nachdem, ob es als Befehl, als Bitte oder als gemeinsame Herausforderung verstanden wird. Die Fähigkeit, die verschiedenen Ebenen der Kommunikation zu erkennen und gezielt zu nutzen, kann helfen, Missverständnisse zu vermeiden und eine stärkere Bindung im Team zu schaffen.

Ein weiteres wichtiges Modell ist das Sender-Empfänger-Modell, das verdeutlicht, dass bei der Übertragung einer Nachricht sowohl die beabsichtigte Botschaft des Senders als auch die Interpretation des Empfängers eine Rolle spielen. Häufig entstehen Missverständnisse nicht, weil eine Nachricht schlecht formuliert ist, sondern weil sie von Empfängern anders wahrgenommen wird. Führungskräfte sollten daher sensibel auf Rückmeldungen achten und sicherstellen, dass ihre Botschaften präzise und eindeutig sind. Zusätzlich kann das Transaktionsanalyse-Modell nach Eric Berne von Bedeutung sein, um die Dynamik der Interaktion zwischen Führungskraft und Teammitgliedern besser zu verstehen. Dieses Modell hilft dabei, Kommunikationsstile zu analysieren und sicherzustellen, dass eine erwachsene, gleichberechtigte Kommunikation stattfindet, die Respekt und Zusammenarbeit fördert.

Durch die bewusste Anwendung dieser Modelle können Führungskräfte effektiver kommunizieren und ihr Team nachhaltig motivieren. Eine gute Kenntnis solcher Modelle erleichtert es Führungskräften auch, Konflikte frühzeitig zu erkennen und anzugehen, bevor sie eskalieren. Letztendlich trägt das Wissen um diese Modelle dazu bei, eine empathische und offene Kommunikationskultur zu schaffen, in der jeder gehört wird und sich als wichtiger Teil des Teams fühlt. Die Anwendung dieser Modelle erfordert jedoch ständige Übung und Reflexion. Führungskräfte sollten sich die Zeit nehmen, ihre eigenen Kommunikationsgewohnheiten zu hinterfragen und sich fortlaufend weiterzubilden, um ein hohes Maß an Kommunikationskompetenz zu erreichen. Dies kann durch kontinuierliche Weiterbildung, Seminare oder auch durch das Feedback von Kolleginnen und Kollegen geschehen. Ein hohes Maß an Kommunikationskompetenz fördert die Fähigkeit, Teams dynamisch und flexibel zu führen und Konflikte in produktive Lösungen umzuwandeln, die das gesamte Team stärken.

8.3.1 Das Vier-Seiten-Modell von Schulz von Thun

Das Vier-Seiten-Modell von Schulz von Thun bietet eine anschauliche Erklärung dafür, wie komplex menschliche Kommunikation tatsächlich ist. Es hilft dabei, die Vielschichtigkeit von Botschaften zu verstehen und zeigt auf, warum Gespräche oft anders verlaufen als ursprünglich beabsichtigt. Dieses Modell dient als wertvolles Werkzeug, um die unterschiedlichen Ebenen einer Nachricht zu verstehen und bewusster mit ihnen umzugehen.

Schulz von Thun geht davon aus, dass jede Nachricht, die wir übermitteln, vier verschiedene Aspekte enthält, die vom Empfänger unterschiedlich wahrgenommen werden können. Diese vier Seiten einer Nachricht sind der Sachinhalt, der Appell, der Beziehungshinweis und die Selbstoffenbarung. Durch das Verstehen dieser vier Ebenen können Missverständnisse vermieden und die Kommunikation entscheidend verbessert werden. In diesem Abschnitt wird das Vier-Seiten-Modell detailliert erläutert, die verschiedenen Dimensionen erklärt und Anwendungsbeispiele geboten, um die Praxisrelevanz dieses Modells aufzuzeigen. Zudem wird verdeutlicht, wie

Führungskräfte dieses Modell effektiv nutzen können, um das Kommunikationsklima in ihrem Team zu verbessern.

8.3.1.1 Die vier Seiten einer Nachricht

Laut Schulz von Thun enthält jede Nachricht vier verschiedene Seiten, die alle unterschiedliche Bedeutungen transportieren können. Diese vier Seiten sind:

1. Sachinhalt

Der Sachinhalt ist das, was objektiv in der Nachricht vermittelt wird. Es geht dabei um die reinen Fakten und Informationen, die übermittelt werden sollen. Auf der Sachebene werden also Daten, Fakten oder konkrete Aussagen kommuniziert. Ein Beispiel für den Sachinhalt wäre: „Die Ampel ist grün." Hier wird eine Information übermittelt, die objektiv überprüfbar ist.

Wichtig für die Kommunikation auf der Sachebene ist, dass die Fakten klar und eindeutig dargestellt werden, damit der Empfänger diese Information korrekt verstehen kann. Missverständnisse auf der Sachebene entstehen häufig, wenn die Informationen nicht präzise genug sind oder wenn unterschiedliche Wissensstände zwischen Sender und Empfänger bestehen. Eine klare und vollständige Darstellung von Fakten trägt dazu bei, Missverständnisse zu vermeiden und sicherzustellen, dass der Empfänger genau die Informationen erhält, die der Sender vermitteln möchte.

2. Selbstoffenbarung

Jede Nachricht enthält auch Informationen darüber, was der Sender von sich selbst preisgibt – dies nennt Schulz von Thun die Selbstoffenbarung. Es handelt sich dabei um die Informationen, die der Sender über sich selbst, seine Gefühle, seine Werte oder seine Bedürfnisse mitteilt. In unserem Beispiel „Die Ampel ist grün" könnte die Selbstoffenbarung lauten: „Ich bin in Eile" oder „Ich möchte vorankommen." Diese Ebene zeigt dem Empfänger, in welcher Verfassung sich der Sender befindet.

Die Selbstoffenbarung gibt Aufschluss darüber, welche Motivation hinter der Nachricht steckt und in welchem emotionalen Zustand der Sender sich befindet. Je nach Kontext kann diese Selbstoffenbarung explizit oder implizit sein. Wenn Menschen in der Lage sind, die Selbstoffenbarungsebene der Kommunikation bewusst wahrzunehmen, können sie leichter auf die Bedürfnisse und Gefühle ihres Gegenübers eingehen. Führungskräfte können diese Ebene nutzen, um besser zu verstehen, was ihre Mitarbeitenden bewegt, und eine unterstützende Atmosphäre zu schaffen, in der sich Mitarbeitende wohlfühlen und ihre Bedürfnisse kommunizieren können.

3. Beziehungshinweis

Der Beziehungshinweis vermittelt, wie der Sender zum Empfänger steht und was er von ihm hält. Diese Ebene wird oft nonverbal über Tonfall, Mimik und Gestik transportiert. Der Beziehungshinweis kann Wertschätzung, Respekt, Ärger oder Missachtung ausdrücken. Bei der Aussage „Die Ampel ist grün" könnte der Beziehungshinweis lauten: „Du solltest endlich losfahren" – möglicherweise in einem ungeduldigen Tonfall.

Der Beziehungshinweis ist häufig die Ursache für Missverständnisse, da er stark durch die persönliche Wahrnehmung und Interpretation des Empfängers beeinflusst wird. Der Empfänger hört auf dieser Ebene mit dem sogenannten „Beziehungsohr" und interpretiert, wie der Sender zu ihm steht. Konflikte entstehen oft, wenn der Beziehungshinweis als negativ oder abwertend wahrgenommen wird. Führungskräfte sollten daher stets achtsam sein, wie ihre Botschaften auf der Beziehungsebene ankommen könnten, da eine unbedachte Ausdrucksweise zu Missverständnissen oder einem gestörten Arbeitsklima führen kann.

4. Appell

Der Appell ist die Ebene, die zeigt, was der Sender beim Empfänger erreichen möchte. Jede Nachricht enthält einen Appell, der den Empfänger zu einer bestimmten Handlung auffordert – sei es direkt oder indirekt. Im Beispiel „Die Ampel ist grün" könnte der Appell lauten: „Fahr los!" Der Appell kann stark oder schwach ausgeprägt sein, und oft wird er auch nicht direkt ausgesprochen, sondern ist zwischen den Zeilen versteckt.

Der Appell ist oft die Ebene, die in der Kommunikation am deutlichsten spürbar ist, da sie eine Reaktion oder Handlung des Empfängers hervorrufen soll. Probleme entstehen, wenn der Appell zu subtil ist und vom Empfänger nicht erkannt wird, oder wenn er als zu fordernd empfunden wird, was zu Widerstand führen kann. Für Führungskräfte ist es wichtig, ihre Appelle klar und unmissverständlich zu formulieren, um sicherzustellen, dass die gewünschten Handlungen ausgeführt werden können und Missverständnisse vermieden werden.

8.3.1.2 Anwendung des Vier-Seiten-Modells in der Praxis

Das Vier-Seiten-Modell ist besonders hilfreich, um Kommunikationsprobleme im Alltag besser zu verstehen und aufzulösen. In der Praxis können Führungskräfte dieses Modell nutzen, um Gespräche bewusster zu führen und sowohl die eigene Kommunikation als auch die Reaktionen ihrer Mitarbeitenden besser zu deuten. Wenn beispielsweise ein Mitarbeiter sagt: „Das Projekt ist immer noch nicht fertig", kann der Vorgesetzte anhand des Vier-Seiten-Modells versuchen, alle vier Ebenen der Nachricht zu entschlüsseln:

- **Sachinhalt**: Das Projekt ist noch nicht abgeschlossen.
- **Selbstoffenbarung**: Der Mitarbeiter könnte gestresst oder frustriert sein, möglicherweise fühlt er sich überfordert.
- **Beziehungshinweis**: Möglicherweise fühlt sich der Mitarbeiter von der Führung nicht ausreichend unterstützt oder hat das Gefühl, dass seine Arbeit nicht wertgeschätzt wird.
- **Appell**: Der Mitarbeiter könnte Hilfe oder eine Entscheidung vom Vorgesetzten benötigen, um das Projekt abschließen zu können.

Durch diese Analyse wird klar, dass hinter einer scheinbar einfachen Aussage viele verschiedene Botschaften stecken können, die es zu entschlüsseln gilt, um Missverständnisse zu vermeiden und die Kommunikation effektiv zu gestalten. Das Verständnis für die verschiedenen Ebenen einer Nachricht hilft Führungskräften, sich in die Perspektive der Mitarbeitenden hineinzuversetzen und so die Ursachen für eventuelle Schwierigkeiten oder Missverständnisse zu erkennen.

8.3.1.3 Häufige Missverständnisse und Kommunikationsprobleme

Missverständnisse entstehen oft, weil Sender und Empfänger auf unterschiedlichen Ebenen kommunizieren oder weil sie verschiedene Ebenen stärker betonen. Beispielsweise könnte jemand eine Aussage primär auf der Sachebene meinen, während der Empfänger diese Aussage auf der Beziehungsebene interpretiert. Wenn der Satz „Du hast den Bericht noch nicht abgegeben" gesagt wird, könnte der Sender lediglich den Sachverhalt feststellen wollen. Der Empfänger hingegen könnte dies als Kritik oder als Ausdruck von Ungeduld auffassen und entsprechend defensiv reagieren.

Ein weiteres Beispiel für Missverständnisse ist, wenn der Appell zu versteckt ist. Wenn eine Führungskraft sagt: „Es wäre gut, wenn wir das bald erledigen könnten", könnte der Mitarbeitende dies als allgemeine Bemerkung verstehen, während die Führungskraft tatsächlich eine sofortige Handlung erwartet. Hier kann es helfen, den Appell klarer zu formulieren, um sicherzustellen, dass die Botschaft eindeutig ist. Führungskräfte sollten sich bewusst sein, dass unterschiedliche Menschen auf unterschiedliche Weise auf implizite und explizite Appelle reagieren und ihre Kommunikationsweise entsprechend anpassen.

Auch auf der Selbstoffenbarungsebene können Missverständnisse auftreten, insbesondere wenn der Empfänger die Selbstoffenbarung als übertrieben oder unangemessen empfindet. Zum Beispiel könnte ein Satz wie „Ich bin wirklich gestresst" von jemandem als Zeichen der Schwäche wahrgenommen werden, während der Sender eigentlich nur um Verständnis bitten wollte. Hier hilft es, empathisch zuzuhören und Rückfragen zu stellen, um sicherzustellen, dass die Botschaft korrekt verstanden wird.

8.3.1.4 Verbesserung der Kommunikation durch das Vier-Seiten-Modell

Das Verständnis des Vier-Seiten-Modells hilft dabei, die eigene Kommunikation zu reflektieren und Missverständnisse frühzeitig zu erkennen. Für Führungskräfte und Teammitglieder kann es hilfreich sein, sich bewusst zu machen, auf welcher Ebene sie kommunizieren und welche Ebene ihr Gegenüber möglicherweise stärker wahrnimmt. Dies ermöglicht es, auf unterschiedliche Bedürfnisse einzugehen und die Kommunikation situationsgerecht anzupassen. Führungskräfte, die die Fähigkeit entwickeln, alle vier Seiten einer Nachricht zu berücksichtigen, sind besser in der Lage, auf die vielfältigen Anforderungen ihres Teams einzugehen.

Ein konkreter Tipp zur Anwendung des Modells ist es, bei Missverständnissen aktiv nachzufragen: „Wie hast du das verstanden?" oder „Was ist für dich die wichtigste Botschaft meiner Aussage?". Dies schafft Klarheit darüber, welche der vier Ebenen beim Empfänger am stärksten angekommen ist und hilft dabei, gezielt Missverständnisse auszuräumen. Darüber hinaus können regelmäßige Reflexionsgespräche dazu beitragen, dass sowohl Führungskräfte als auch Mitarbeitende ihre Kommunikationsfähigkeiten verbessern und bewusster auf die verschiedenen Ebenen von Nachrichten achten.

Ein weiteres wichtiges Element, um die Kommunikation zu verbessern, ist die Entwicklung eines Bewusstseins für die eigene nonverbale Kommunikation. Tonfall, Mimik und Körpersprache sind entscheidende Faktoren, die maßgeblich beeinflussen, wie eine Nachricht auf der Beziehungsebene aufgenommen wird. Eine offene, zugewandte Körpersprache und ein positiver Tonfall tragen dazu bei, dass Botschaften konstruktiv aufgenommen werden und das Vertrauen zwischen Führungskraft und Mitarbeitenden gestärkt wird.

Durch die bewusste Anwendung des Vier-Seiten-Modells können Missverständnisse erheblich reduziert werden. Es trägt dazu bei, eine Kommunikationskultur zu schaffen, die auf Offenheit, Klarheit und gegenseitigem Respekt basiert. Besonders im beruflichen Kontext ist dies von großer

Bedeutung, um eine konstruktive und wertschätzende Kommunikation zu fördern, die die Zusammenarbeit erleichtert, Konflikte reduziert und das gesamte Arbeitsklima verbessert. Führungskräfte, die das Vier-Seiten-Modell in ihre tägliche Praxis integrieren, fördern nicht nur eine bessere Kommunikation, sondern auch eine stärkere Bindung und Motivation innerhalb ihres Teams.

8.3.2 Das Sender-Empfänger-Modell

Das Sender-Empfänger-Modell, auch bekannt als Kommunikationsmodell von Shannon und Weaver, ist ein grundlegendes Konzept der Kommunikationstheorie. Es beschreibt den Prozess der Übermittlung von Informationen zwischen zwei Parteien – dem Sender und dem Empfänger. Dieses Modell dient als wertvolle Grundlage, um Kommunikationsprozesse tiefgehender zu verstehen, Kommunikationsbarrieren zu identifizieren und diese zu überwinden.

Das Modell zeigt auf, dass Kommunikation selten vollständig störungsfrei verläuft. Zwischen dem Sender und dem Empfänger können verschiedene Hindernisse und Missverständnisse auftreten, die als „Rauschen" bezeichnet werden. Diese Störungen können die ursprüngliche Botschaft verändern, verfälschen oder sogar komplett verzerren. Das Verständnis des Sender-Empfänger-Modells trägt daher maßgeblich dazu bei, Kommunikationsbarrieren zu erkennen und die Effektivität der Kommunikation zu steigern.

8.3.2.1 Aufbau des Sender-Empfänger-Modells

Das Sender-Empfänger-Modell beschreibt mehrere Schritte, die eine Nachricht durchläuft, bevor sie ihren Empfänger erreicht. Diese Schritte umfassen:

1. **Sender**: Der Sender ist die Person, die eine Nachricht übermitteln möchte. Er beginnt damit, eine Idee oder Information in eine verständliche Form zu bringen, ein Prozess, der als Kodierung

bezeichnet wird. Wie die Nachricht kodiert wird, hängt von einer Vielzahl von Faktoren ab, darunter die sprachlichen Fähigkeiten des Senders, seine Intentionen und seine Beziehung zum Empfänger. Eine effektive Kodierung erfordert, dass der Sender die Zielgruppe berücksichtigt und sicherstellt, dass die gewählte Sprache, der Ton und die Struktur der Nachricht angemessen sind.

2. **Nachricht**: Die Nachricht ist das Ergebnis des Kodierungsprozesses und umfasst den Inhalt, der kommuniziert werden soll. Sie kann sowohl verbal (gesprochen oder geschrieben) als auch nonverbal (durch Gestik, Mimik, Tonfall) vermittelt werden. Die Art und Weise, wie die Nachricht formuliert ist, hat einen erheblichen Einfluss darauf, wie sie wahrgenommen wird. Eine präzise und sorgfältig formulierte Nachricht minimiert das Risiko von Missverständnissen und stellt sicher, dass der beabsichtigte Inhalt beim Empfänger ankommt.

3. **Kanal**: Der Kanal ist das Medium, über das die Nachricht übertragen wird. Dies kann ein Gespräch von Angesicht zu Angesicht, ein Telefonanruf, eine E-Mail oder sogar nonverbale Gesten sein. Die Wahl des Kanals ist entscheidend, da sie die Wahrnehmung der Nachricht beeinflusst. Führungskräfte sollten den Kanal bewusst wählen, abhängig von der Dringlichkeit der Botschaft, dem Inhalt und dem Verhältnis zum Empfänger, um sicherzustellen, dass die Nachricht effektiv vermittelt wird. Beispielsweise eignen sich persönliche Gespräche für heikle Themen besser, während organisatorische Ankündigungen oft effizienter per E-Mail kommuniziert werden.

4. **Empfänger**: Der Empfänger ist die Person, an die die Nachricht gerichtet ist. Er dekodiert die empfangene Nachricht und interpretiert sie basierend auf seinem eigenen Wissen, seinen Erfahrungen und Erwartungen. Dieser Dekodierungsprozess ist sehr subjektiv, da er stark durch individuelle Wahrnehmungen, Annahmen und möglicherweise auch Vorurteile beeinflusst wird. Dadurch kann es leicht zu Missverständnissen kommen, insbesondere wenn der Empfänger eine andere Sichtweise hat oder der Kontext der Nachricht nicht vollständig klar ist. Für eine erfolgreiche Kommunikation ist es

daher wichtig, dass der Sender auch die Perspektive des Empfängers berücksichtigt.

5. **Rückmeldung (Feedback)**: Die Rückmeldung des Empfängers ist ein entscheidender Bestandteil des Kommunikationsprozesses. Feedback zeigt dem Sender, ob seine Nachricht verstanden wurde und wie sie aufgenommen wurde. Die Rückmeldung kann verbal oder nonverbal erfolgen und ist unerlässlich, damit der Sender den Erfolg seiner Kommunikation bewerten und gegebenenfalls Anpassungen vornehmen kann. Beispielsweise kann ein einfaches Nicken als Bestätigung dienen, während eine detaillierte Rückfrage zeigt, dass der Empfänger noch mehr Klarheit benötigt. Führungskräfte sollten aktiv um Feedback bitten, um sicherzustellen, dass ihre Botschaft korrekt verstanden wurde und mögliche Unklarheiten zeitnah behoben werden.

6. **Störungen (Rauschen)**: Störungen, auch „Rauschen" genannt, umfassen alle Faktoren, die den Kommunikationsprozess behindern oder die Nachricht verfälschen können. Dazu zählen äußere Störeinflüsse wie Lärm oder technische Probleme, aber auch innere Faktoren wie persönliche Vorurteile, Stress oder emotionale Zustände. Solche Störungen können dazu führen, dass der Empfänger die Nachricht anders versteht, als sie ursprünglich gemeint war. Führungskräfte müssen sich dieser potenziellen Störfaktoren bewusst sein und versuchen, sie so weit wie möglich zu minimieren, um eine klare und effektive Kommunikation sicherzustellen.

8.3.2.2 Anwendung des Sender-Empfänger-Modells in der Praxis

Das Sender-Empfänger-Modell ist besonders nützlich, um Kommunikationsprobleme innerhalb von Teams frühzeitig zu erkennen und zu vermeiden. Führungskräfte können dieses Modell anwenden, um sicherzustellen, dass ihre Botschaften klar, präzise und für alle Beteiligten verständlich sind. Zum Beispiel muss eine Führungskraft, die eine wichtige Information an ihr Team übermitteln möchte, sicherstellen, dass die Nachricht korrekt kodiert und über den geeigneten Kanal vermittelt wird. Dies könnte ein persönliches Gespräch, eine schriftliche Mitteilung oder eine Besprechung sein, je nach Sensibilität und Dringlichkeit des Themas.

Die bewusste Berücksichtigung von Feedback spielt dabei eine zentrale Rolle. Führungskräfte sollten immer nach Feedback fragen, um sicherzustellen, dass die Botschaft wie beabsichtigt verstanden wurde. Wenn ein Teammitglied eine Nachricht missverstanden hat, kann dies potenziell zu Verzögerungen oder Fehlern im Projektablauf führen. Das rechtzeitige Einholen von Rückmeldungen ermöglicht es, Missverständnisse zu erkennen und zu klären, bevor sie zu größeren Problemen werden.

Ein weiteres wichtiges Anwendungsgebiet des Sender-Empfänger-Modells ist die Konfliktbewältigung. Konflikte entstehen häufig durch fehlerhafte Kommunikation oder missverstandene Nachrichten. Wenn eine Führungskraft bemerkt, dass ein Mitarbeiter gereizt oder frustriert wirkt, könnte dies ein Anzeichen dafür sein, dass eine frühere Nachricht nicht korrekt verstanden wurde oder dass der Beziehungskontext zwischen Sender und Empfänger gestört ist. In solchen Situationen kann die Führungskraft ein klärendes Gespräch führen und gezielt nachfragen, um die Missverständnisse zu beseitigen. Das gezielte Anwenden der Schritte des Sender-Empfänger-Modells hilft dabei, Kommunikationsprobleme strukturiert zu identifizieren und Lösungen zu finden.

Im beruflichen Kontext ist es zudem wichtig, Kommunikationsstörungen frühzeitig zu erkennen und zu beheben. Dies setzt ein Verständnis für die theoretischen Grundlagen des Sender-Empfänger-Modells voraus, ebenso wie die Bereitschaft, die eigene Kommunikationsfähigkeit aktiv zu verbessern. Führungskräfte sollten ihre eigenen Nachrichten regelmäßig reflektieren: Wurde der richtige Kanal gewählt? War die Nachricht präzise genug? Wurde das Feedback des Empfängers richtig eingeordnet? Solche Reflexionsfragen helfen, kontinuierlich eine Verbesserung der Kommunikationskompetenz zu erreichen.

8.3.2.3 Häufige Kommunikationsbarrieren und Lösungsansätze

In der Praxis gibt es zahlreiche Kommunikationsbarrieren, die den Informationsfluss zwischen Sender und Empfänger beeinträchtigen können. Zu diesen Barrieren zählen:

1. **Unklare Botschaften**: Wenn der Sender seine Nachricht nicht präzise formuliert, besteht die Gefahr, dass der Empfänger sie missversteht. Führungskräfte sollten sich daher bemühen, ihre Anweisungen klar und verständlich zu formulieren und gegebenenfalls Rückfragen zu stellen, um sicherzustellen, dass alle Beteiligten die gleiche Vorstellung von den erwarteten Ergebnissen haben.

2. **Falscher Kanal**: Nicht jeder Kommunikationskanal eignet sich für jede Art von Nachricht. Sensible oder wichtige Themen sollten beispielsweise nicht per E-Mail, sondern in einem persönlichen Gespräch übermittelt werden. Die Wahl des falschen Kanals kann dazu führen, dass die Botschaft nicht die gewünschte Wirkung erzielt oder missverstanden wird. Führungskräfte sollten daher stets den Kontext berücksichtigen, um den geeignetsten Kanal auszuwählen.

3. **Rauschen**: Äußere Störquellen wie Lärm, unzureichende technische Mittel oder visuelle Ablenkungen können dazu führen, dass eine Nachricht nicht richtig gehört oder verstanden wird. Auch innere Faktoren wie Stress, Müdigkeit oder Vorurteile können den Kommunikationsprozess erheblich stören. Führungskräfte sollten darauf achten, eine ruhige und störungsfreie Umgebung zu wählen, wenn es um wichtige Botschaften geht, und sicherstellen, dass der Empfänger sich in einem Zustand befindet, in dem er die Nachricht aufnehmen kann.

4. **Unzureichendes Feedback**: Ohne Feedback weiß der Sender nicht, ob seine Nachricht tatsächlich richtig verstanden wurde. Führungskräfte sollten aktiv Feedback einholen, um sicherzustellen, dass die Nachricht beim Empfänger so angekommen ist, wie sie gemeint war. Dies kann durch gezielte Nachfragen oder das Beobachten der Reaktion des Empfängers geschehen. Eine offene Feedback-Kultur

innerhalb eines Teams fördert das gegenseitige Verständnis und schafft eine Atmosphäre des Vertrauens, in der Missverständnisse schneller ausgeräumt werden können.

5. **Unterschiedliche Erwartungshaltungen**: Sender und Empfänger haben oft unterschiedliche Erwartungen an die Kommunikation. Der Sender könnte davon ausgehen, dass der Empfänger eine bestimmte Information bereits besitzt, während dies in der Realität nicht der Fall ist. Solche Diskrepanzen führen häufig zu Missverständnissen. Führungskräfte sollten daher stets sicherstellen, dass der Kontext ihrer Botschaft klar ist, und keine Annahmen darüber treffen, was der Empfänger weiß oder nicht weiß.

Das Sender-Empfänger-Modell ist ein einfaches, jedoch äußerst effektives Werkzeug, um Kommunikationsprozesse zu verstehen und zu verbessern. Es verdeutlicht, dass Kommunikation nicht nur aus dem Senden von Botschaften besteht, sondern dass es sich um einen komplexen Prozess handelt, der von vielen Faktoren beeinflusst wird. Führungskräfte, die die Prinzipien dieses Modells verinnerlichen und in ihrer täglichen Arbeit anwenden, sind besser in der Lage, klare und effektive Botschaften zu übermitteln, Missverständnisse zu minimieren und ein positives Kommunikationsklima in ihrem Team zu schaffen.

Eine effektive Kommunikation erfordert sowohl ein Verständnis der theoretischen Grundlagen als auch die Bereitschaft zur ständigen Reflexion und Verbesserung. Das Bewusstsein für mögliche Störungen, die richtige Wahl des Kommunikationskanals und die Bedeutung von Feedback sind zentrale Elemente, die eine erfolgreiche Kommunikation ausmachen. Indem Führungskräfte diese Aspekte beachten und kontinuierlich an ihrer Kommunikationskompetenz arbeiten, tragen sie entscheidend dazu bei, ein Arbeitsumfeld zu schaffen, in dem Missverständnisse minimiert und die Zusammenarbeit innerhalb des Teams nachhaltig gestärkt wird. Der bewusste Umgang mit dem Sender-Empfänger-Modell ermöglicht es, nicht nur Inhalte klar zu vermitteln, sondern auch auf die Bedürfnisse und Erwartungen des Gegenübers einzugehen, was letztlich die Grundlage für eine erfolgreiche und wertschätzende Kommunikation darstellt.

Durch die kontinuierliche Anwendung und Reflexion der Prinzipien dieses Modells können Führungskräfte ihre Fähigkeit zur effektiven Kommunikation stetig verbessern und somit einen bedeutenden Beitrag zur Teamdynamik und zur Erreichung der gemeinsamen Ziele leisten.

8.4 Aktives Zuhören – Eine unerlässliche Fähigkeit

Eine wesentliche Komponente der Kommunikation ist das **aktive Zuhören**. Dabei geht es nicht nur darum, die Worte des Gegenübers aufzunehmen, sondern auch die Emotionen und Bedürfnisse dahinter zu verstehen. Aktives Zuhören zeigt Wertschätzung und Respekt und fördert ein Vertrauensverhältnis. Eine Führungskraft, die aktiv zuhört, kann Konflikte früher erkennen, Missverständnisse vermeiden und sicherstellen, dass Teammitglieder sich gehört und verstanden fühlen. Ein Beispiel dafür wäre ein Mitarbeiter, der über mangelnde Ressourcen klagt. Durch aktives Zuhören erkennt die Führungskraft nicht nur das Problem der Ressourcenknappheit, sondern auch den Frust des Mitarbeiters – und kann entsprechend reagieren.

Um dies weiter zu vertiefen, sollte die Führungskraft offene Fragen stellen, die es dem Mitarbeiter ermöglichen, sein Anliegen detaillierter darzulegen. Das Paraphrasieren, also das Wiederholen der wesentlichen Aussagen in eigenen Worten, ist ebenfalls eine effektive Technik, um sicherzustellen, dass das Gesagte richtig verstanden wurde. So fühlt sich der Mitarbeiter wertgeschätzt und unterstützt. Weiterhin sollte die Führungskraft in der Lage sein, nonverbale Signale wahrzunehmen, wie etwa die Körpersprache des Gegenübers, die oft mehr über dessen Befindlichkeiten aussagt als das Gesagte selbst. Zum Beispiel kann ein Mitarbeiter verbal Zustimmung signalisieren, während seine Körperhaltung (z. B. verschränkte Arme) Widerstand oder Unsicherheit ausdrückt. Eine Führungskraft, die diese nonverbalen Hinweise bemerkt, kann gezielt nachfragen und somit Missverständnisse aufklären.

Aktives Zuhören bedeutet auch, Geduld zu zeigen und dem Gegenüber Raum zu geben, seine Gedanken zu ordnen und sich auszudrücken, ohne

unterbrochen zu werden. Darüber hinaus ermöglicht es einer Führungskraft, Vertrauen in ihre Kompetenzen zu demonstrieren, indem sie die Bedürfnisse und Herausforderungen der Mitarbeiter erkennt und darauf eingeht. So schafft aktives Zuhören eine tiefere Verbindung, die langfristig das
Engagement der Mitarbeiter stärkt und zu einem harmonischeren Arbeitsumfeld beiträgt. Diese Praxis sollte kontinuierlich verbessert werden, um sicherzustellen, dass die Führungskraft nicht nur die Worte, sondern auch die
subtileren, emotionalen Nuancen erfasst und darauf reagiert. Aktives Zuhören ist eine Kunst, die oft unterschätzt wird, jedoch das Potenzial hat, die
zwischenmenschlichen Beziehungen im Arbeitsumfeld auf eine ganz neue
Ebene zu heben.

Aktives Zuhören kann auch zu einer besseren Fehlerkultur beitragen. Wenn
Mitarbeitende wissen, dass ihre Sorgen und Herausforderungen wirklich
gehört werden, sind sie eher bereit, offen über Fehler zu sprechen, statt sie
zu verbergen. Dies trägt zu einer Umgebung bei, in der Fehler als Chance
zur Weiterentwicklung und nicht als Versagen betrachtet werden. Führungskräfte sollten sich bemühen, aktives Zuhören zu einer festen Gewohnheit zu machen, indem sie regelmäßig den Austausch mit ihren Teammitgliedern suchen und aktiv in diesen Momenten präsent sind. Die Fähigkeit,
aktiv zuzuhören, beeinflusst die Art und Weise, wie eine Führungskraft
wahrgenommen wird – als jemand, der ehrlich und empathisch ist und das
Wohl des Teams stets im Blick hat.

8.5 Feedback geben und empfangen

Feedback fördert persönliches Wachstum und kontinuierliche Verbesserung. Eine Führungskraft sollte lernen, konstruktives Feedback zu geben,
ohne die Mitarbeitenden zu demotivieren. Es sollte sie stattdessen unterstützen, sich weiterzuentwickeln. Ebenso wichtig ist es für eine Führungskraft, Feedback von den Mitarbeitenden zu empfangen und dieses als
Chance zu betrachten, die eigene Führung zu verbessern. Es gibt verschiedene Techniken, die beim Geben und Empfangen von Feedback hilfreich
sind, darunter das **Sandwich-Feedback-Modell**. Dieses Modell ist besonders
effektiv, da es eine Balance zwischen Anerkennung und konstruktiver Kritik

schafft, wodurch Mitarbeitende motiviert bleiben und gleichzeitig konkrete Verbesserungsmöglichkeiten erhalten. Dieses Modell kombiniert positives Feedback, gefolgt von einem Verbesserungsvorschlag und einem positiven Abschluss, um Kritikpunkte konstruktiv und unterstützend zu vermitteln.

8.5.1 Das Sandwich-Feedback-Modell

Das Sandwich-Feedback-Modell ist eine bewährte Methode, um Feedback auf eine Weise zu geben, die sowohl die positiven Aspekte der Arbeit hervorhebt als auch konstruktive Kritik enthält, ohne die Mitarbeitenden zu demotivieren. Dieses Modell strukturiert das Feedback in drei Teile und sorgt dafür, dass die Nachricht klar und motivierend übermittelt wird:

1. **Positives Feedback**: Der erste Schritt besteht darin, mit einem positiven Kommentar zu beginnen. Dies dient dazu, den Mitarbeitenden zu motivieren und ihnen zu zeigen, dass ihre Anstrengungen und Erfolge wertgeschätzt werden. Indem man die positiven Aspekte zuerst betont, schafft man eine unterstützende Atmosphäre, in der die Mitarbeitenden offener für Verbesserungsvorschläge sind. Ein Beispiel: „Ich schätze es sehr, wie sorgfältig und genau Sie Ihre Berichte erstellen. Ihre Arbeit ist immer auf einem sehr hohen Niveau."

2. **Konstruktiver Verbesserungsvorschlag**: Der zweite Teil des Feedbacks enthält die konstruktive Kritik oder den Verbesserungsvorschlag. Dieser sollte klar, direkt und respektvoll formuliert werden, ohne dabei herabsetzend zu wirken. Wichtig ist es, den Verbesserungsvorschlag auf das Verhalten und nicht auf die Person zu beziehen, damit die Mitarbeitenden diesen nicht als persönlichen Angriff verstehen. Zum Beispiel könnte die Führungskraft fortfahren: „Ich habe allerdings bemerkt, dass wir bei der Einhaltung der Fristen in den letzten Wochen etwas nachgelassen haben. Es wäre hilfreich, wenn wir hier künftig genauer darauf achten könnten, um Verzögerungen zu vermeiden."

3. **Positiver Abschluss**: Abschließend wird das Feedback mit einem weiteren positiven Kommentar abgerundet. Dies dient dazu, die Mitarbeitenden mit einem guten Gefühl aus dem Gespräch zu entlassen und ihnen zu signalisieren, dass die Führungskraft Vertrauen

in ihre Fähigkeiten hat, die vorgeschlagenen Verbesserungen umzusetzen. Im Beispiel könnte die Führungskraft sagen: „Ich bin mir
sicher, dass Sie das gut in den Griff bekommen werden, da ich Ihre
Fähigkeit zur Organisation sehr schätze. Ich weiß, dass wir gemeinsam daran arbeiten können, die Fristen besser einzuhalten."

Durch diese Struktur wird sichergestellt, dass die Mitarbeitenden nicht das
Gefühl haben, nur Kritik zu erhalten, sondern auch ihre Stärken anerkannt
werden. Dies trägt maßgeblich dazu bei, eine konstruktive Feedbackkultur
zu etablieren und die Motivation der Mitarbeitenden zu fördern.

Ein weiteres praxisnahes Beispiel: Eine Führungskraft möchte einem Mitarbeitenden mitteilen, dass er bei der Einhaltung von Fristen nachgelassen
hat. Statt die Kritik direkt und hart zu formulieren, kann die Führungskraft
zunächst die allgemeine hohe Qualität der Arbeit loben, dann auf das Problem mit den Fristen hinweisen und abschließend betonen, dass sie Vertrauen in die Fähigkeiten des Mitarbeitenden hat, dieses Problem zu lösen.
Diese Herangehensweise stärkt nicht nur das Vertrauen des Mitarbeitenden in seine eigenen Fähigkeiten, sondern zeigt auch, dass die Führungskraft sowohl die positiven als auch die verbesserungswürdigen Aspekte
sieht.

8.5.2 Regelmäßiges und zeitnahes Feedback

Feedback sollte nicht nur in festgelegten Jahresgesprächen erfolgen, sondern regelmäßig und zeitnah gegeben werden. Ein jährliches Mitarbeiterge-
spräch allein reicht nicht aus, um kontinuierliches Wachstum zu fördern. Es
wird empfohlen, mindestens monatlich Feedback zu geben oder regelmäßige Check-ins durchzuführen, um die Mitarbeitenden kontinuierlich zu unterstützen. Kontinuierliches, informelles Feedback ermöglicht es den Mitarbeitenden, sich fortlaufend zu verbessern und sicherzustellen, dass sie auf
dem richtigen Weg sind. Es erlaubt ihnen, sich auf aktuelle Ziele und Erwartungen auszurichten und zeitnah Anpassungen vorzunehmen. Führungskräfte, die offen für Rückmeldungen der Mitarbeitenden sind, signalisieren
zudem, dass sie selbst lernbereit sind und sich weiterentwickeln möchten.

Regelmäßiges Feedback ist auch deshalb so wichtig, weil es ermöglicht, Probleme frühzeitig zu erkennen und zu adressieren. Durch eine offene und kontinuierliche Kommunikation können Missverständnisse vermieden werden, bevor sie sich zu größeren Schwierigkeiten entwickeln. Zudem hilft das Setzen klarer und messbarer Ziele, damit die Mitarbeitenden genau wissen, woran sie arbeiten und wie sie sich verbessern können. Dies trägt zu einer Kultur bei, in der Feedback als positiv und wertschätzend wahrgenommen wird, und fördert das persönliche und berufliche Wachstum sowie die Eigenverantwortung der Teammitglieder.

8.5.3 Unterstützung und Wertschätzung im Feedbackprozess

Feedbackgespräche sollten immer in einer unterstützenden und wertschätzenden Atmosphäre stattfinden, in der die Mitarbeitenden das Gefühl haben, dass es um ihre Weiterentwicklung geht und nicht um Kritik an ihrer Person. Eine unterstützende Atmosphäre lässt sich schaffen, indem die Führungskraft ihre eigene Offenheit zur Reflexion zeigt und auch bereit ist, selbst konstruktive Kritik anzunehmen. Diese Bereitschaft schafft ein Umfeld des gegenseitigen Respekts und der kontinuierlichen Verbesserung. Führungskräfte sollten sich bemühen, eine Feedbackkultur zu etablieren, in der Fehler als Chancen zur Verbesserung gesehen werden. Eine solche Kultur stärkt das Vertrauen im Team und fördert eine offene Kommunikation, die auf gemeinsamen Zielen basiert.

Ein weiteres Element der Unterstützung ist das Zuhören. Eine gute Führungskraft hört aktiv zu, wenn Mitarbeitende Feedback geben oder auf erhaltenes Feedback reagieren. Dies zeigt, dass ihre Meinung zählt und respektiert wird. Das schafft Vertrauen und stärkt die Beziehung zwischen Führungskraft und Mitarbeitenden. Wenn Feedback als gemeinsamer Prozess verstanden wird, in dem beide Seiten lernen und wachsen können, trägt dies erheblich zur Teamentwicklung und zur Verbesserung der Arbeitsbeziehung bei.

8.5.4 Feedbackkultur und langfristige Wirkung

Feedback, das auf der Grundlage von Vertrauen und Respekt gegeben wird, kann den Unterschied zwischen einem Team, das lediglich funktioniert, und einem Team, das wirklich gedeiht, ausmachen. Wenn Mitarbeitende erleben, dass ihr Feedback gehört und wertgeschätzt wird, fühlen sie sich stärker in die Entscheidungen und Entwicklungen des Unternehmens eingebunden und können so besser zum Gesamterfolg beitragen. Eine offene Feedbackkultur fördert die Motivation, da die Teammitglieder wissen, dass ihre Arbeit und ihre Meinungen einen Unterschied machen.

Eine solche Kultur erfordert jedoch auch, dass Führungskräfte ihre eigenen Kommunikationsfähigkeiten regelmäßig reflektieren und weiterentwickeln. Dazu gehört es, Feedback aktiv einzuholen, es geduldig anzuhören und auch umzusetzen, wenn es berechtigt ist. Diese Offenheit gegenüber Rückmeldungen zeigt, dass sich nicht nur die Mitarbeitenden, sondern auch die Führungskraft weiterentwickeln möchte, was eine Vorbildfunktion erfüllt.

Die langfristige Wirkung einer gut etablierten Feedbackkultur zeigt sich darin, dass Mitarbeitende sich sicher genug fühlen, offen über ihre Meinungen, Herausforderungen und Erfolge zu sprechen. Wenn Mitarbeitende erfahren, dass konstruktive Kritik nicht als persönlicher Angriff verstanden wird, sondern als Anreiz zur Weiterentwicklung, wird die Grundlage für eine Kultur des gegenseitigen Respekts und des kontinuierlichen Lernens gelegt. Das schafft nicht nur eine positive Arbeitsatmosphäre, sondern steigert auch die Produktivität und das Engagement innerhalb des Teams.

Zudem fördert eine solche Feedbackkultur die Eigenverantwortung der Mitarbeitenden. Sie wissen, dass sie regelmäßig Rückmeldungen zu ihrer Leistung erhalten, und sind motiviert, kontinuierlich an sich zu arbeiten. Führungskräfte sollten also nicht nur als diejenigen wahrgenommen werden, die Kritik verteilen, sondern als Unterstützer und Coaches, die die berufliche und persönliche Weiterentwicklung ihrer Mitarbeitenden vorantreiben.

Feedbackgespräche sollten immer klar strukturiert und gut vorbereitet sein. Es ist sinnvoll, sich im Vorfeld Gedanken darüber zu machen, welche positiven Aspekte der Arbeit besonders hervorzuheben sind und welche konkreten Verbesserungsvorschläge gegeben werden können. Durch eine strukturierte Vorbereitung wird das Feedback präziser und effektiver. Auch sollte genügend Zeit eingeplant werden, damit die Mitarbeitenden die Gelegenheit haben, Rückfragen zu stellen und das Feedback zu reflektieren.

Eine gute Feedbackkultur und die regelmäßige Anwendung des Sandwich-Feedback-Modells tragen maßgeblich dazu bei, ein motiviertes, engagiertes und wachstumsorientiertes Team zu schaffen. Ein Beispiel aus der Praxis zeigt dies deutlich: Ein Teamleiter in einem mittelständischen Unternehmen nutzte das Sandwich-Feedback-Modell regelmäßig, um Herausforderungen bei Projekten anzusprechen. Er begann stets mit der Anerkennung der bisherigen Leistungen des Teams, dann folgten gezielte Verbesserungsvorschläge. Diese Herangehensweise führte dazu, dass die Teammitglieder motiviert blieben und die Verbesserungsvorschläge als konstruktiv wahrnahmen. Dies hatte zur Folge, dass das Team besser zusammenarbeitete, Fristen effektiver einhielt und letztlich eine höhere Produktivität erzielte. Wenn Feedback auf wertschätzende Weise gegeben und empfangen wird, führt dies zu einem nachhaltigen Erfolg – sowohl für den Einzelnen als auch für das gesamte Unternehmen.

8.6 Hypnotische Sprachmuster und Suggestionen

Eine besondere Technik in der Kommunikation, die für Führungskräfte von Nutzen sein kann, sind **hypnotische Sprachmuster** und **Suggestionen**. Diese Techniken stammen ursprünglich aus der Hypnotherapie, lassen sich jedoch auch in der Unternehmenskommunikation nutzen, um die Motivation zu steigern, das Vertrauen zu stärken und Konflikte zu entschärfen. Hypnotische Sprachmuster nutzen bestimmte Formulierungen, die direkt auf das Unterbewusstsein wirken und positive Einstellungen verstärken. Für eine Führungskraft können solche Sprachmuster ein mächtiges Werkzeug sein, um Einfluss auf die emotionale Einstellung und die Motivation der Mitarbeiter zu nehmen. Diese Techniken beruhen darauf, dass sie die Vorstellungskraft und die unbewussten Denkmuster der Mitarbeiter ansprechen und dadurch eine tiefe Motivation und Veränderungsbereitschaft erzeugen können.

8.6.1 Die wichtigsten hypnotischen Sprachmuster und ihre Anwendung

Hypnotische Sprachmuster umfassen verschiedene Techniken, die alle darauf abzielen, eine positive und produktive Einstellung zu fördern und das Vertrauen in die Führungskraft zu stärken. Im Folgenden werden einige der wichtigsten hypnotischen Sprachmuster vorgestellt, zusammen mit Beispielen, wie sie im Führungsalltag eingesetzt werden können:

- **Positive Suggestionen**: Diese Technik beinhaltet die bewusste Formulierung von Aussagen, die den Fokus auf ein positives Ergebnis legen. Statt zu sagen: „Das Projekt darf nicht scheitern", könnte eine Führungskraft sagen: „Ich bin sicher, dass wir dieses Projekt erfolgreich abschließen werden." Der Unterschied liegt darin, dass die zweite Aussage Zuversicht suggeriert und das Team dazu motiviert, das Ziel positiv zu betrachten. Positive Suggestionen helfen dabei, Hindernisse zu überwinden, indem der Fokus auf das erwünschte Ergebnis gelegt wird, was den Mitarbeitenden eine klare Richtung und Zuversicht bietet.
- **Metaphern und Geschichten**: Metaphern sind ein kraftvolles Mittel, um komplexe Sachverhalte zu veranschaulichen und auf einer emotionalen Ebene zu kommunizieren. Führungskräfte können Geschichten oder Metaphern nutzen, um Herausforderungen zu veranschaulichen oder Erfolgsaussichten zu verdeutlichen. Beispielsweise könnte eine Führungskraft, die einen Veränderungsprozess einleitet, sagen: „Dieser Wandel ist wie eine Reise. Es wird vielleicht unebene Straßen geben, aber wir wissen, dass wir am Ende an einen großartigen Ort gelangen werden." Solche Metaphern helfen den Mitarbeitern, den Prozess als Teil einer größeren Vision zu verstehen.
- **Rhetorische Fragen**: Rhetorische Fragen sind eine weitere Technik, die dazu verwendet werden kann, das Unterbewusstsein anzusprechen und positive Vorstellungen zu aktivieren. Eine Führungskraft könnte fragen: „Wie großartig wird es sein, wenn wir dieses Ziel erreichen?" oder „Wie stolz werden wir auf uns sein, wenn wir diese Herausforderung meistern?" Solche Fragen lassen das Team das

Gefühl von Erfolg und Erfüllung im Voraus erleben und motivieren dazu, sich für die Erreichung des Ziels einzusetzen.

- **Embedded Commands (eingebettete Befehle):** Diese Technik besteht darin, eine Aussage innerhalb eines Satzes so zu formulieren, dass sie eine Art „Befehl" an das Unterbewusstsein darstellt. Zum Beispiel könnte eine Führungskraft sagen: „Wenn wir darüber nachdenken, wie wir dieses Problem lösen können, werden wir die beste Lösung finden." Der eingebettete Befehl hier lautet „die beste Lösung finden", und es wird indirekt das Vertrauen suggeriert, dass das Team in der Lage ist, das Problem zu lösen.
- **Verwendung von Voraussagen und Vorannahmen:** Eine weitere Methode, die oft in hypnotischen Sprachmustern verwendet wird, ist die Technik der Vorannahme, die davon ausgeht, dass ein bestimmtes Ergebnis eintreten wird. Anstatt zu fragen: „Können wir das Projekt bis zum Ende des Monats abschließen?", könnte eine Führungskraft sagen: „Wenn wir das Projekt bis Ende des Monats abschließen, können wir alle stolz auf das Erreichte sein." Die Vorannahme hier suggeriert bereits den Erfolg und stärkt das Vertrauen der Mitarbeiter in ihre Fähigkeiten.

8.6.2 Fallbeispiele für den Einsatz hypnotischer Sprachmuster

Hypnotische Sprachmuster lassen sich in vielen Bereichen des Führungsalltags einsetzen. Ein Beispiel könnte eine Situation sein, in der ein Team eine besonders herausfordernde Aufgabe zu bewältigen hat und die Moral niedrig ist. Die Führungskraft könnte hier eine Mischung aus rhetorischen Fragen und positiven Suggestionen verwenden, um die Stimmung zu heben: „Wie wird es sich anfühlen, wenn wir diese schwierige Aufgabe erfolgreich gemeistert haben? Ich bin überzeugt, dass wir das gemeinsam schaffen können, weil ich schon so viele Fortschritte bei uns gesehen habe." Durch diese Art der Kommunikation werden positive Gefühle geweckt und das Team wird ermutigt, an seinen Fähigkeiten festzuhalten.

Ein weiteres Beispiel wäre eine schwierige Phase während eines Veränderungsprozesses, in der das Team Widerstand oder Angst vor dem

Unbekannten zeigt. Hier könnte die Führungskraft eine Metapher einsetzen, um den Prozess verständlicher zu machen: „Stellt euch diesen Wandel als eine Bergwanderung vor. Es mag anstrengend sein, und es gibt Momente, in denen wir vielleicht nicht weiterwissen, aber der Blick von oben wird all die Anstrengungen wert sein." Solche Bilder sprechen das emotionale Zentrum im Gehirn an und ermöglichen es den Mitarbeitern, die Situation in einem neuen, positiveren Licht zu betrachten.

8.7 Rapport, Pacing und Leading

Rapport, Pacing und Leading sind entscheidende Techniken, um eine vertrauensvolle und effektive Kommunikation aufzubauen. Besonders im Führungsumfeld können diese Methoden eingesetzt werden, um eine starke Beziehung zu den Mitarbeitenden zu entwickeln und sie positiv zu beeinflussen. Diese Techniken helfen Führungskräften, die Dynamik der Kommunikation besser zu verstehen und zielgerichtet einzusetzen, um so eine motivierende und unterstützende Arbeitsatmosphäre zu schaffen.

Rapport beschreibt die Fähigkeit, eine harmonische und vertrauensvolle Verbindung zu einer anderen Person aufzubauen. Diese Verbindung wird oft durch gegenseitiges Verständnis, aktives Zuhören und das Spiegeln von Körpersprache oder Sprache hergestellt. Ein guter Rapport entsteht, wenn beide Gesprächspartner das Gefühl haben, auf einer gemeinsamen Wellenlänge zu sein. Im Führungsalltag bedeutet dies, dass die Mitarbeitenden sich verstanden fühlen und eher bereit sind, konstruktives Feedback zu akzeptieren oder neuen Herausforderungen offen gegenüberzutreten. Wenn eine Führungskraft einen guten Rapport zu ihren Teammitgliedern aufbauen kann, fördert das die Offenheit, das gegenseitige Vertrauen und letztlich auch die Motivation und Leistung des Teams.

Rapport kann durch verschiedene Techniken erreicht werden. Eine häufig verwendete Methode ist das **aktive Zuhören**, bei dem die Führungskraft den Gesprächspartner nicht nur in seinen Worten, sondern auch in seiner Haltung und seiner Gefühlslage wahrnimmt. Dazu gehört auch das Spiegeln – eine Technik, die unterbewusst Vertrauen aufbaut, indem der

Gesprächspartner in seiner Gestik, Mimik und seiner Sprache nachgeahmt wird. Zum Beispiel, wenn ein Mitarbeitender sich in einem Gespräch zurücklehnt, kann die Führungskraft dies ebenfalls tun, um eine ähnliche Körperhaltung einzunehmen und damit Vertrautheit zu signalisieren. Dies führt dazu, dass sich der Mitarbeitende verstanden und verbunden fühlt, was die Basis für den weiteren Austausch stärkt.

Ein weiteres Beispiel ist das Spiegeln der Sprache oder des Sprechtempos. Wenn ein Mitarbeitender eher langsam und bedacht spricht, sollte die Führungskraft ihr Tempo ebenfalls anpassen, um eine gemeinsame Ebene zu schaffen. Ebenso kann die Wortwahl des Gegenübers übernommen werden. Wenn Mitarbeitende beispielsweise oft Fachbegriffe verwenden, kann es hilfreich sein, diese ebenfalls in die eigene Kommunikation aufzunehmen, um ein Gefühl der Verständigung und des Respekts für die Expertise zu vermitteln.

Pacing bedeutet, sich zunächst an den Gesprächspartner anzupassen, um Vertrauen aufzubauen. Dies kann durch die Nachahmung von Körpersprache, Sprechtempo oder sogar der Wortwahl geschehen. Ziel von Pacing ist es, ein Gefühl der Gemeinsamkeit und des Verständnisses zu erzeugen, sodass der Mitarbeitende sich sicher und verstanden fühlt. Der Grund, warum Pacing zu einem Rapport führt, liegt in der Psychologie der menschlichen Wahrnehmung: Menschen fühlen sich automatisch zu anderen hingezogen, die ihnen ähnlich sind. Durch das Spiegeln von Gesten, Haltung oder Sprechweise wird dem Gegenüber unbewusst signalisiert: „Wir sind ähnlich. Ich verstehe dich." Dies schafft Vertrauen und eine emotionale Verbindung.

Ein Beispiel aus dem Alltag: Stellen wir uns eine Situation im Café vor. Zwei Personen unterhalten sich, und eine von ihnen lehnt sich zurück und verschränkt die Arme. Wenn der Gesprächspartner daraufhin ebenfalls eine ähnliche Körperhaltung einnimmt, fühlt sich die erste Person oft unbewusst wohler, da sie eine Gemeinsamkeit spürt. Dieses Gefühl der Gemeinsamkeit ist die Grundlage für den Aufbau von Vertrauen und zeigt, dass Pacing eine wirksame Technik ist, um eine positive Beziehung zu schaffen.

Ein weiteres Beispiel könnte eine Verhandlungssituation sein. Wenn eine der Parteien während des Gesprächs das Tempo oder den Tonfall anpasst, um sich der anderen Partei anzugleichen, wirkt dies vertrauensbildend und schafft eine gemeinsame Basis. In solchen Momenten wird eine emotionale Verbindung hergestellt, die es ermöglicht, schwierige Themen mit größerem Verständnis und weniger Widerstand anzugehen.

Im Führungsalltag kann Pacing besonders hilfreich sein, wenn Mitarbeitende aufgeregt oder emotional sind. Wenn zum Beispiel ein Mitarbeitender aufgebracht in das Büro der Führungskraft kommt und mit lauter Stimme spricht, kann die Führungskraft zunächst ein ähnliches Energieniveau annehmen, indem sie mit einem klaren, aber ruhigen Ton antwortet. Sie könnte sagen: „Ich verstehe, dass diese Situation frustrierend für dich ist." Durch das Anpassen an die Emotionen des Mitarbeitenden (Pacing) fühlt sich dieser verstanden. Nachdem der Rapport gestärkt wurde, kann die Führungskraft die Energie bewusst senken, indem sie ruhiger spricht und damit den Mitarbeitenden in einen weniger emotionalen Zustand führt. Dies ist ein Beispiel dafür, wie Pacing und Leading Hand in Hand wirken können, um Mitarbeitende zu beruhigen und eine konstruktive Kommunikation zu fördern.

Ein weiteres Alltagsbeispiel könnte eine Situation im Familienleben sein, in der Eltern versuchen, ihr aufgeregtes Kind zu beruhigen. Das Kind weint oder ist verärgert, und ein Elternteil geht zunächst auf die Emotionen des Kindes ein, indem es mitfühlende Worte verwendet und die Körperhaltung des Kindes spiegelt, beispielsweise in die Hocke geht, um auf Augenhöhe zu sein. Dadurch wird eine emotionale Verbindung geschaffen, und das Kind fühlt sich verstanden. Nachdem der Rapport aufgebaut ist, kann der Elternteil das Kind schrittweise beruhigen und es zu einer Lösung führen.

Leading erfolgt, nachdem Rapport durch erfolgreiches Pacing aufgebaut wurde. In diesem Schritt führt die Führungskraft den Mitarbeitenden zu neuen Zielen oder Veränderungen. Leading bedeutet, dass die Führungskraft nun aktiv die Richtung vorgibt und die Mitarbeitenden mitnimmt. Nachdem durch Pacing eine vertrauensvolle Basis geschaffen wurde, ist der

Mitarbeitende in der Regel eher bereit, der Führungskraft zu folgen. Das kann beispielsweise bedeuten, dass eine Führungskraft, nachdem sie durch aktives Zuhören und Anpassung der Kommunikation Vertrauen aufgebaut hat, die Initiative ergreift und die Teammitglieder zu einer Verhaltensänderung oder einem neuen Vorgehen motiviert.

Ein Beispiel aus der Praxis: Eine Führungskraft stellt fest, dass ein Mitarbeitender Schwierigkeiten hat, eine neue Aufgabe zu übernehmen, da er sich von den Anforderungen überfordert fühlt. Durch Pacing – das bedeutet, dass die Führungskraft zunächst das Verständnis für die Gefühle des Mitarbeitenden ausdrückt und mit einem ruhigen Tonfall spricht – wird der Mitarbeitende beruhigt und fühlt sich verstanden. Die Führungskraft könnte dann sagen: „Ich sehe, dass diese Aufgabe eine Herausforderung darstellt, und das ist völlig verständlich. Wir gehen das gemeinsam an." Nachdem der Mitarbeitende sich durch das Pacing verstanden und unterstützt fühlt, kann die Führungskraft zum Leading übergehen. Das bedeutet, sie ermutigt den Mitarbeitenden, kleine Schritte zu unternehmen, und bietet Unterstützung an. „Lass uns gemeinsam den ersten Schritt planen. Ich bin sicher, dass wir das zusammen schaffen können." Dadurch wird der Mitarbeitende motiviert, die Aufgabe anzugehen, da er das Gefühl hat, dass die Führungskraft hinter ihm steht.

Ein weiteres Beispiel aus der Praxis könnte eine Teamsitzung sein, bei der eine Führungskraft die Richtung für eine neue Projektstrategie vorgeben möchte. Nachdem sie zunächst Pacing angewendet hat, indem sie die Bedenken und Wünsche des Teams gespiegelt hat, übernimmt sie das Leading, um das Team auf die neue Richtung einzustimmen. Sie sagt: „Ich habe verstanden, dass einige von euch Bedenken hinsichtlich der Ressourcenplanung haben. Lassen Sie uns nun gemeinsam einen Plan entwickeln, der diese Bedenken berücksichtigt und uns dennoch erlaubt, unsere Ziele zu erreichen." Dieses Beispiel zeigt, wie eine Führungskraft durch Rapport und Pacing das Vertrauen gewinnt und anschließend das Team durch Leading in eine neue, positive Richtung lenkt.

Die Techniken von Rapport, Pacing und Leading sind besonders nützlich, um Veränderungen zu begleiten und Widerstände zu minimieren. Sie helfen dabei, das Vertrauen der Mitarbeitenden zu gewinnen und sicherzustellen, dass sie sich in der Kommunikation wohl fühlen. Führungskräfte, die diese Techniken beherrschen, können nicht nur die Beziehung zu ihren Mitarbeitenden verbessern, sondern auch die Wirksamkeit ihrer Kommunikation erhöhen. Dadurch wird eine Atmosphäre geschaffen, die Offenheit, Respekt und Motivation fördert.

Ein weiteres konkretes Beispiel: Eine Führungskraft, die bemerkt, dass ein Teammitglied Schwierigkeiten hat, eine neue Aufgabe zu übernehmen, kann durch Pacing zunächst den emotionalen Zustand des Mitarbeitenden spiegeln, indem sie Verständnis für dessen Bedenken zeigt. Nachdem die Führungskraft den Mitarbeitenden durch Pacing abgeholt hat und der Rapport gestärkt ist, kann sie das Leading anwenden, um das Teammitglied zu ermutigen, die neue Aufgabe anzugehen, und ihm die Sicherheit vermitteln, dass er dabei Unterstützung erhält. Dies stärkt das Vertrauen in die Führungskraft und sorgt dafür, dass sich die Teammitglieder sicherer fühlen und motiviert sind, neue Herausforderungen zu akzeptieren.

Zusammenfassend lässt sich sagen, dass Rapport, Pacing und Leading unverzichtbare Werkzeuge für jede Führungskraft sind, die eine vertrauensvolle Beziehung zu ihren Mitarbeitenden aufbauen möchte. Diese Techniken helfen dabei, eine solide Basis für Kommunikation zu schaffen, auf der Veränderungen leichter umgesetzt und Widerstände minimiert werden können. Führungskräfte, die diese Techniken anwenden, schaffen eine Atmosphäre des Vertrauens und der Offenheit, in der sich Mitarbeitende motiviert fühlen, an ihrer persönlichen und beruflichen Entwicklung zu arbeiten. Die Fähigkeit, Mitarbeitende durch Rapport, Pacing und Leading zu führen, stellt sicher, dass die Führungskraft als unterstützende, empathische und kompetente Autorität wahrgenommen wird, die ihre Teammitglieder auf dem Weg zu gemeinsamen Zielen begleitet.

Kommunikation ist das Herzstück erfolgreicher Führung. Sie geht weit über das bloße Austauschen von Informationen hinaus und ist ein mächtiges Werkzeug, um Vertrauen zu schaffen, Motivation zu fördern und die Zusammenarbeit innerhalb des Teams zu stärken. Führungskräfte, die effektive Kommunikationsstrategien beherrschen, können nicht nur ihre Visionen klar vermitteln, sondern auch die emotionale Verbindung zu ihren Teammitgliedern festigen, was zu einer besseren Leistung und Arbeitszufriedenheit führt. Die in diesem Kapitel behandelten Konzepte – von grundlegenden Kommunikationsmodellen über aktives Zuhören bis hin zu hypnotischen Sprachmustern – bieten Führungskräften das notwendige Handwerkszeug, um eine positive und produktive Arbeitsumgebung zu schaffen. Letztlich macht die Qualität der Kommunikation den Unterschied zwischen einer funktionierenden und einer wirklich erfolgreichen Führung.

9. TRANSAKTIONSANALYSE IN DER FÜHRUNG

Die **Transaktionsanalyse** ist ein psychologisches Modell, das die Interaktionen zwischen Menschen untersucht und hilft, das Verhalten in der Kommunikation besser zu verstehen. Entwickelt vom Psychiater Eric Berne in den 1950er Jahren, bietet dieses Modell eine wirksame Methode, die Dynamiken der zwischenmenschlichen Kommunikation und deren Einfluss auf die Beziehungen im beruflichen Kontext zu analysieren. Insbesondere für Führungskräfte ist die Transaktionsanalyse ein wertvolles Instrument, um zu verstehen, wie die eigene Kommunikation wirkt und wie man auf die Bedürfnisse der Mitarbeiter eingehen kann, um eine produktive und respektvolle Arbeitsatmosphäre zu schaffen. Dieses Kapitel wird aufzeigen, wie die Transaktionsanalyse konkret eingesetzt werden kann, um das Miteinander im Team zu verbessern, Konflikte zu lösen und eine positive Führungskultur zu etablieren. Dabei wird der Fokus sowohl auf die theoretischen Grundlagen als auch auf die praktische Anwendung im Führungsalltag gelegt, damit Führungskräfte die Prinzipien der Transaktionsanalyse effektiv nutzen können. Ziel ist es, die zwischenmenschlichen Beziehungen zu optimieren und durch bewusste Kommunikation einen positiven und langfristigen Effekt auf die Unternehmensdynamik zu erzielen.

9.1 Die Ich-Zustände in der Transaktionsanalyse

Das zentrale Konzept der Transaktionsanalyse sind die sogenannten **Ich-Zustände**. Laut Berne können wir in drei unterschiedlichen Zuständen kommunizieren: dem **Eltern-Ich**, dem **Erwachsenen-Ich** und dem **Kind-Ich**. Jeder dieser Zustände spiegelt unterschiedliche Denk- und Verhaltensmuster wider und beeinflusst, wie wir auf andere reagieren. Diese Zustände bestimmen, wie wir auf äußere Reize antworten, und prägen damit die Qualität der zwischenmenschlichen Kommunikation.

- **Eltern-Ich**: In diesem Zustand sprechen wir oft in der Art und Weise, wie wir von unseren Eltern oder Autoritätspersonen gelernt haben. Es kann sich als fürsorglich (unterstützend, beschützend) oder als kritisch (beurteilend, strafend) äußern. Führungskräfte, die aus dem Eltern-Ich heraus kommunizieren, können überfürsorglich sein oder autoritär wirken. Das fürsorgliche Eltern-Ich ist nützlich, wenn es darum geht, Unterstützung zu zeigen und Mitarbeitern das Gefühl zu geben, dass sie wertgeschätzt werden. Das kritische Eltern-Ich hingegen sollte bewusst und sparsam eingesetzt werden, um nicht demotivierend zu wirken. Eine übermäßige Anwendung des kritischen Eltern-Ichs kann bei Mitarbeitern zu Unsicherheit und Rückzug führen, während ein ausgewogenes Maß an Unterstützung Motivation und Vertrauen schafft. Das Eltern-Ich kann auch helfen, Strukturen zu schaffen, indem es klare Regeln und Erwartungen kommuniziert. Wichtig ist es, den Unterschied zu erkennen, wann eine fürsorgliche und wann eine kritische Intervention notwendig ist, um die Teammitglieder optimal zu fördern.
- **Erwachsenen-Ich**: Dies ist der Zustand, in dem wir sachlich, objektiv und ohne emotionale Vorurteile handeln. Das Erwachsenen-Ich orientiert sich an Fakten und ist bestrebt, eine konstruktive und rationale Lösung zu finden. Dies ist der Ich-Zustand, der im Arbeitskontext am hilfreichsten ist, um eine produktive Kommunikation zu

fördern. Führungskräfte, die aus diesem Zustand agieren, schaffen eine Atmosphäre der Klarheit und des Vertrauens, da sie keine persönlichen Vorurteile in ihre Entscheidungen einfließen lassen. Die Fähigkeit, aus dem Erwachsenen-Ich zu kommunizieren, ist besonders wichtig, wenn es darum geht, in stressigen oder konfliktreichen Situationen einen kühlen Kopf zu bewahren und Lösungen zu entwickeln, die für alle Beteiligten akzeptabel sind. Das Erwachsenen-Ich kann auch dabei helfen, Konflikte zu entschärfen, indem es alle verfügbaren Informationen in die Entscheidungsfindung mit einbezieht und Emotionen nicht den Vorrang gibt. Führungskräfte sollten deshalb lernen, diesen Ich-Zustand bewusst zu aktivieren, besonders wenn sie mit schwierigen Situationen oder Mitarbeitern konfrontiert sind. Dies ist der Schlüssel, um emotionale Spannungen abzubauen und zu sachlichen Lösungen zu gelangen.

- **Kind-Ich**: Das Kind-Ich ist geprägt durch Emotionen, Spontanität und Kreativität. Es kann rebellisch, trotzig oder unterwürfig sein. Das Kind-Ich zeigt sich oft in Situationen, in denen Menschen emotional reagieren. Führungskräfte können das Kind-Ich bei Mitarbeitern erkennen, wenn diese emotional auf Kritik reagieren oder sich ängstlich und unsicher verhalten. Der Zugang zum Kind-Ich kann aber auch positive Aspekte haben, etwa wenn es darum geht, kreative Ideen zu fördern oder die Begeisterung im Team zu wecken. Ein gesundes Maß an Kind-Ich-Verhalten kann dazu beitragen, Innovationen zu fördern und eine positive, energiegeladene Teamatmosphäre zu schaffen. Führungskräfte, die bewusst das positive Kind-Ich fördern, können die Kreativität im Team steigern und eine offenere Kommunikation unterstützen, bei der sich Mitarbeiter trauen, auch unkonventionelle Ideen einzubringen. Dieser Ich-Zustand kann besonders nützlich sein, um die Motivation und Freude an der Arbeit zu stärken, wobei Führungskräfte jedoch sicherstellen sollten, dass dies nicht auf Kosten der Professionalität und Zielorientierung geschieht.

9.2 Parallele und gekreuzte Transaktionen

Eine **Transaktion** bezeichnet den Austausch von Reizen und Reaktionen zwischen Menschen. Dabei kann es sich um Worte, Gesten oder auch Körpersprache handeln. Die Art, wie wir kommunizieren, kann in der Transaktionsanalyse in **parallele** und **gekreuzte Transaktionen** unterteilt werden. Die Analyse dieser Transaktionen hilft dabei, Kommunikationsmuster zu erkennen und gezielt zu verbessern.

- **Parallele Transaktionen**: Hier reagieren die beteiligten Personen so aufeinander, dass die Kommunikation harmonisch verläuft. Beispiel: Ein Mitarbeiter stellt eine sachliche Frage aus dem Erwachsenen-Ich heraus, und die Führungskraft antwortet sachlich ebenfalls aus dem Erwachsenen-Ich. Solche parallelen Transaktionen tragen dazu bei, eine produktive Arbeitsatmosphäre zu schaffen. Parallele Transaktionen fördern eine gegenseitige Wertschätzung und ermöglichen eine zielführende Kommunikation, bei der alle Beteiligten auf derselben Ebene interagieren. Das Ziel einer guten Führung ist es, möglichst viele parallele Transaktionen zu fördern, um eine effiziente und vertrauensvolle Arbeitsbeziehung zu gewährleisten. Führungskräfte, die bewusst auf parallele Transaktionen abzielen, fördern ein Umfeld, in dem sich alle Teammitglieder verstanden und respektiert fühlen, was zu einer höheren Arbeitszufriedenheit und Produktivität führt. In einer Arbeitsumgebung, die von parallelen Transaktionen geprägt ist, sind die Mitarbeiter eher bereit, Verantwortung zu übernehmen und sich aktiv für das Unternehmen einzusetzen.
- **Gekreuzte Transaktionen**: Bei gekreuzten Transaktionen antwortet der Kommunikationspartner aus einem anderen Ich-Zustand, was zu Missverständnissen oder Konflikten führen kann. Beispiel: Ein Mitarbeiter stellt eine sachliche Frage aus dem Erwachsenen-Ich, aber die Führungskraft antwortet belehrend aus dem Eltern-Ich. Dadurch kann der Mitarbeiter sich bevormundet fühlen, was zu Frustration und Konflikten führen kann. Gekreuzte Transaktionen entstehen oft unbewusst und führen schnell zu einer Eskalation,

wenn die Beteiligten in unterschiedlichen Ich-Zuständen kommunizieren. Führungskräfte sollten darauf achten, diese Situationen zu
erkennen und die Kommunikation wieder auf eine parallele Ebene
zu bringen, um Missverständnisse zu minimieren. Eine bewusste
Analyse der Ich-Zustände und ein proaktiver Wechsel zurück zu einer sachlichen Ebene können dabei helfen, die Kommunikation
wieder in konstruktive Bahnen zu lenken. Führungskräfte sollten
deshalb versuchen, die Perspektive ihrer Mitarbeiter zu verstehen
und flexibel auf deren Ich-Zustände einzugehen, um die Kommunikation so reibungslos wie möglich zu gestalten.

Führungskräfte sollten sich darum bemühen, ihre Kommunikation bewusst
zu steuern und auf parallele Transaktionen abzuzielen, um Missverständnisse und Konflikte zu vermeiden. Das bedeutet oft, aus dem Erwachsenen-
Ich zu reagieren, um sicherzustellen, dass die Kommunikation sachlich und
zielorientiert bleibt. Führungskräfte können lernen, die Ich-Zustände ihrer
Mitarbeiter zu erkennen und bewusst darauf einzugehen, um eine harmonische Kommunikation zu fördern. Es ist wichtig, dabei empathisch vorzugehen und sowohl die eigenen Reaktionen als auch die des Gegenübers genau zu beobachten. Indem Führungskräfte verstehen, wie sie durch ihre
eigene Kommunikation Einfluss nehmen, können sie den Verlauf von Ge-
sprächen positiv steuern und so die Teamdynamik nachhaltig verbessern.
Die Fähigkeit, bewusst auf die Dynamiken der Transaktionsanalyse einzugehen, ermöglicht es Führungskräften, nicht nur konfliktvermeidende, sondern auch produktivitätssteigernde Gespräche zu führen.

9.3 Die Bedeutung der Transaktionsanalyse für die Führung

Die Transaktionsanalyse kann Führungskräften helfen, ihre eigene Kommunikation und die ihrer Mitarbeiter besser zu verstehen und zu reflektieren.
Indem Führungskräfte lernen, die unterschiedlichen Ich-Zustände zu identifizieren und gezielt aus dem Erwachsenen-Ich zu kommunizieren, können
sie eine vertrauensvolle und respektvolle Arbeitsbeziehung aufbauen. Dies
ermöglicht es ihnen, Konflikte frühzeitig zu erkennen und zu entschärfen
sowie die Zusammenarbeit im Team zu verbessern. Eine Führungskraft, die

die Prinzipien der Transaktionsanalyse anwendet, ist in der Lage, eine Arbeitsumgebung zu schaffen, in der alle Mitarbeiter sich respektiert fühlen und ihr volles Potenzial entfalten können. Die bewusste Anwendung der Transaktionsanalyse führt nicht nur zu einem besseren Verständnis von Konflikten, sondern ermöglicht auch deren proaktive Lösung, bevor sie eskalieren.

Fallbeispiel: Eine Mitarbeiterin begeht einen Fehler bei der Umsetzung eines Projekts. Eine Führungskraft, die aus dem **kritischen Eltern-Ich** reagiert, könnte dies mit einer Vorwurfshaltung tun: "Warum haben Sie nicht aufgepasst? Das hätte nicht passieren dürfen!" Dies könnte die Mitarbeiterin in das Kind-Ich versetzen, wodurch sie ängstlich oder defensiv reagiert. Stattdessen könnte die Führungskraft aus dem **Erwachsenen-Ich** heraus reagieren: "Es ist ein Fehler passiert. Lassen Sie uns gemeinsam schauen, woran es lag und wie wir es künftig vermeiden können." Diese Reaktion fördert eine sachliche Problemlösung und unterstützt die Mitarbeiterin dabei, aus der Situation zu lernen. Solche konstruktiven Gespräche sind entscheidend, um eine Fehlerkultur zu etablieren, in der Mitarbeiter sich trauen, Verantwortung zu übernehmen und aus Fehlern zu lernen, ohne Angst vor negativen Konsequenzen zu haben. Eine solche Fehlerkultur schafft eine vertrauensvolle Atmosphäre, in der Mitarbeiter mutig neue Wege gehen und Innovationen vorantreiben können. Zudem werden Mitarbeiter motiviert, auch in schwierigen Situationen proaktiv Lösungsansätze zu entwickeln. Führungskräfte, die auf diese Weise agieren, tragen langfristig dazu bei, eine dynamische und anpassungsfähige Unternehmenskultur zu schaffen.

9.4 Die Rollenverteilung in der Transaktionsanalyse

Zusätzlich zu den Ich-Zuständen beschreibt die Transaktionsanalyse auch sogenannte **psychologische Spiele** und **Dramadreiecke**, die oft unbewusst in der Kommunikation auftreten und zu Konflikten führen können. Das **Dramadreieck** besteht aus drei Rollen: dem **Verfolger**, dem **Retter** und dem **Opfer**. Menschen neigen dazu, in Konfliktsituationen unbewusst eine dieser Rollen einzunehmen, was die Konflikte oft weiter verstärkt, anstatt sie zu lösen.

- **Der Verfolger**: Diese Person übt Kritik und übernimmt eine dominante, oft feindselige Rolle. Im Kontext der Führung könnte eine Führungskraft, die den Verfolger spielt, Mitarbeiter durch ständige Kritik demotivieren. Der Verfolger neigt dazu, Fehler aufzudecken und die Schuld bei anderen zu suchen, anstatt konstruktive Lösungen zu finden. Langfristig führt dies zu einem Klima der Angst, in dem Mitarbeiter sich nicht trauen, offen zu kommunizieren oder Risiken einzugehen. Führungskräfte, die diese Rolle erkennen, sollten gezielt daran arbeiten, den Fokus von der Schuldzuweisung hin zur Lösung von Problemen zu verschieben. Statt Schuldzuweisungen auszusprechen, sollte die Führungskraft unterstützende Fragen stellen und Möglichkeiten zur Verbesserung aufzeigen.
- **Der Retter**: Diese Person versucht, Probleme für andere zu lösen, auch wenn dies nicht nötig ist. Eine Führungskraft, die den Retter spielt, könnte Mitarbeitern jede Verantwortung abnehmen, was deren Selbstwirksamkeit beeinträchtigt. Der Retter gibt den Mitarbeitern das Gefühl, dass sie ohne seine Hilfe nicht zurechtkommen, was langfristig zu einer Abhängigkeit führt und das Selbstvertrauen der Mitarbeiter untergräbt. Dies hindert Mitarbeiter daran, ihre eigenen Lösungen zu entwickeln und unabhängig zu handeln, was ihre berufliche Entwicklung hemmen kann. Führungskräfte sollten stattdessen darauf achten, Mitarbeiter zu unterstützen, ohne ihnen die Verantwortung abzunehmen, und ihnen die Möglichkeit geben, selbstständig zu wachsen. Indem sie sich von der Retter-Rolle distanzieren, fördern Führungskräfte die Eigenständigkeit und das Selbstvertrauen der Mitarbeiter, was sich positiv auf die gesamte Teamleistung auswirkt.
- **Das Opfer**: Diese Person empfindet sich als hilflos und sieht sich den Umständen ausgeliefert. Mitarbeiter, die in die Opferrolle fallen, neigen dazu, die Verantwortung für Probleme abzugeben und erwarten, dass andere (z. B. die Führungskraft) diese lösen. Dies führt oft zu einer passiven Haltung und fehlendem Engagement. Führungskräfte, die diese Dynamik erkennen, sollten gezielt darauf hinwirken, dass Mitarbeiter Verantwortung für ihre Aufgaben übernehmen und ihre eigenen Fähigkeiten stärken. Durch gezielte

Förderung und positives Feedback kann das Selbstbewusstsein des Mitarbeiters gestärkt werden, was ihn dazu motiviert, aktiver zu handeln und Verantwortung für sein eigenes Handeln zu übernehmen. Führungskräfte können durch das Schaffen eines unterstützenden Umfelds und das Setzen klarer Erwartungen verhindern, dass Mitarbeiter in die Opferrolle abgleiten, und stattdessen eine Kultur der Selbstverantwortung etablieren.

9.5 Praktische Anwendung der Transaktionsanalyse im Führungsalltag

Die Transaktionsanalyse bietet Führungskräften praktische Ansätze, um alltägliche Herausforderungen besser zu meistern. Eine der wichtigsten Anwendungen ist das Erkennen und gezielte Nutzen der Ich-Zustände in alltäglichen Kommunikationssituationen. Führungskräfte sollten versuchen, die unterschiedlichen Ich-Zustände sowohl bei sich selbst als auch bei ihren Mitarbeitern bewusst wahrzunehmen und gezielt zu nutzen, um eine effektive Kommunikation zu fördern.

Ein weiterer zentraler Punkt ist die Fähigkeit, Konflikte durch die Anwendung der Transaktionsanalyse frühzeitig zu entschärfen. Beispielsweise können gekreuzte Transaktionen, die zu Missverständnissen führen, durch einen bewussten Wechsel des Ich-Zustands in eine parallele Transaktion umgewandelt werden. Dies hilft, die Eskalation von Konflikten zu vermeiden und das Vertrauen im Team zu stärken.

Führungskräfte sollten auch darauf achten, eine Balance zwischen den verschiedenen Rollen im Dramadreieck zu schaffen. Anstatt in die Verfolger-, Retter- oder Opferrolle zu verfallen, sollten sie eine Haltung der Unterstützung und des Empowerments einnehmen. Das bedeutet, Mitarbeiter zu fördern, ohne ihnen die Verantwortung abzunehmen, und klare, realistische Erwartungen zu setzen.

9.6 Zusammenfassung

Die Transaktionsanalyse ist ein mächtiges Werkzeug für Führungskräfte, um die Qualität der Kommunikation im Team zu verbessern und eine positive Arbeitskultur zu fördern. Durch das Verständnis der Ich-Zustände und die bewusste Steuerung der eigenen Kommunikation können Führungskräfte eine Umgebung schaffen, in der Mitarbeiter motiviert sind, Verantwortung zu übernehmen und ihr volles Potenzial zu entfalten. Die Anwendung der Prinzipien der Transaktionsanalyse ermöglicht es, Konflikte zu vermeiden oder konstruktiv zu lösen, eine offene Fehlerkultur zu etablieren und das Vertrauen innerhalb des Teams zu stärken. Letztlich führt die bewusste Nutzung dieser Methoden zu einer dynamischen und erfolgreichen Teamdynamik, die sowohl das individuelle Wohlbefinden als auch den Erfolg des Unternehmens fördert.

10. KONFLIKTMANAGEMENT

10.1 Einleitung

Konflikte sind ein unvermeidlicher Teil des Arbeitslebens, insbesondere in dynamischen Teamumgebungen, in denen unterschiedliche Persönlichkeiten, Interessen und Perspektiven aufeinandertreffen. Wo Menschen zusammenarbeiten, entstehen Spannungen und Missverständnisse. Wichtig ist jedoch nicht die Vermeidung von Konflikten, sondern die Fähigkeit, mit ihnen umzugehen und sie konstruktiv zu nutzen. Richtig gemanagt bieten Konflikte die Chance für Wachstum, Verbesserung und Innovation. Ein guter Umgang mit Konflikten kann die Beziehungen im Team stärken, das Vertrauen fördern und zu besseren Lösungen führen. Ein Team, das Konflikte effektiv bewältigt, ist nicht nur widerstandsfähiger, sondern kann auch effizienter und kreativer zusammenarbeiten.

Konflikte bieten uns die Möglichkeit, die Dynamik innerhalb von Gruppen zu verstehen und als Chance zur Weiterentwicklung zu nutzen. Wenn Konflikte produktiv behandelt werden, können sie eine Quelle für Innovation und Kreativität sein, da verschiedene Standpunkte konstruktiv diskutiert und in neue Lösungsansätze überführt werden können. Konfliktmanagement bedeutet nicht, Konflikte zu unterdrücken oder sie als Schwäche zu betrachten, sondern einen respektvollen Umgang damit zu finden. Das Ziel dieses Kapitels ist es, die zugrunde liegenden Mechanismen von Konflikten zu verstehen und konkrete Techniken vorzustellen, um diese effektiv zu managen.

Dieses Kapitel befasst sich mit den grundlegenden Konzepten des Konfliktmanagements, den verschiedenen Arten von Konflikten und den wichtigsten Strategien, um Konflikte zu bewältigen und in positive Entwicklungen zu verwandeln. Wir werden auch betrachten, welche Rolle emotionale Intelligenz im Konfliktmanagement spielt und wie Führungskräfte eine Kultur schaffen können, in der Konflikte nicht als Bedrohung, sondern als Chance wahrgenommen werden. Konfliktmanagement ist eine Kernkompetenz jeder erfolgreichen Führungskraft. Wer Konflikte sinnvoll handhaben kann, trägt dazu bei, ein positives, produktives und harmonisches Arbeitsumfeld zu fördern. Eine solche Umgebung steigert nicht nur die Zufriedenheit der Mitarbeitenden, sondern auch deren Leistungsfähigkeit und Innovationskraft.

10.2 Die Natur von Konflikten

Konflikte entstehen, wenn unterschiedliche Meinungen, Werte oder Interessen aufeinandertreffen. Sie sind ein unvermeidliches Resultat menschlicher Interaktion und Vielfalt. Oft sind sie das Ergebnis von Missverständnissen, unklarer Kommunikation oder gegensätzlichen Erwartungen. Konflikte können konstruktiv oder destruktiv sein – es kommt darauf an, wie sie gehandhabt werden. Ein konstruktiver Konflikt führt zu einer Vertiefung des Verständnisses und einer Verbesserung der Zusammenarbeit, während ein destruktiver Konflikt Misstrauen, Frustration und eine Verschlechterung der Teamdynamik zur Folge haben kann. Entscheidend ist also nicht das Vorhandensein eines Konflikts, sondern die Art und Weise, wie mit ihm umgegangen wird.

Konflikte können in jeder Phase der Zusammenarbeit und in verschiedenen Formen auftreten. Zu wissen, welche Art von Konflikt vorliegt, ist der erste Schritt zur Entwicklung einer geeigneten Lösung. Es gibt verschiedene Arten von Konflikten, darunter:

1. **Sachkonflikte**: Diese entstehen, wenn es unterschiedliche Meinungen darüber gibt, wie bestimmte Aufgaben oder Ziele erreicht werden sollen. Sie sind oft inhaltlicher Natur und können, wenn sie konstruktiv ausgetragen werden, zu besseren Lösungen führen. Sachkonflikte bieten die Chance, unterschiedliche Ansätze zu bewerten und durch den Austausch von Ideen innovative Lösungen zu finden. Sie sind oft weniger emotional aufgeladen und lassen sich durch rationale Diskussionen klären. Ein erfolgreicher Umgang mit Sachkonflikten setzt voraus, dass alle Beteiligten bereit sind, sich auf die Argumente der anderen einzulassen und das gemeinsame Ziel im Blick zu behalten.

2. **Beziehungskonflikte**: Diese Konflikte basieren auf persönlichen Spannungen und emotionalen Problemen zwischen den Teammitgliedern. Sie sind oft schwieriger zu lösen, da sie persönliche Empfindungen und verletzte Gefühle betreffen. Beziehungskonflikte können das Ergebnis von Missverständnissen, fehlender Kommunikation oder einfach von unvereinbaren Persönlichkeiten sein. Solche Konflikte sind besonders herausfordernd, da sie nicht immer durch sachliche Argumente gelöst werden können, sondern oft Empathie und ein tiefes Verständnis der jeweiligen Perspektiven erfordern. Eine konstruktive Lösung dieser Konflikte trägt maßgeblich zur Verbesserung des Arbeitsklimas bei. Führungskräfte sollten hier besonders sensibel agieren und darauf achten, dass persönliche Differenzen nicht zu einer Eskalation des Konflikts führen.

3. **Wertkonflikte**: Diese entstehen, wenn unterschiedliche Werte, Überzeugungen oder Prinzipien aufeinanderprallen. Wertkonflikte sind besonders herausfordernd, da sie tief in der Identität der beteiligten Personen verwurzelt sind. Unterschiedliche kulturelle Hintergründe, Erziehungsstile oder persönliche Überzeugungen können zu Wertkonflikten führen. Hier ist es wichtig, eine offene

Haltung zu bewahren und die Unterschiede zu respektieren. Wertkonflikte erfordern oft eine langwierige Diskussion und die Bereitschaft, sich auf die Werte des anderen einzulassen und eine gemeinsame Basis zu finden. Eine respektvolle Gesprächskultur und die Fähigkeit, die eigenen Überzeugungen zu hinterfragen, sind wichtige Voraussetzungen, um Wertkonflikte erfolgreich zu bewältigen.

4. **Ressourcenkonflikte**: Diese treten auf, wenn es einen Mangel an Ressourcen gibt und mehrere Parteien Anspruch auf dieselben Mittel erheben. Dazu gehören Konflikte um Budget, Zeit oder Personal. Ressourcenkonflikte sind besonders in Unternehmen häufig, wo unterschiedliche Abteilungen um finanzielle Mittel oder Mitarbeiter konkurrieren. Die Herausforderung besteht darin, die verfügbaren Ressourcen gerecht und im besten Interesse des gesamten Unternehmens zu verteilen. Eine transparente Kommunikation und eine klare Priorisierung können helfen, diese Art von Konflikten zu minimieren. Führungskräfte müssen hier oftmals diplomatisch agieren und sicherstellen, dass die Entscheidungen nachvollziehbar und gerecht sind, um das Vertrauen der Teammitglieder zu erhalten.

10.3 Konfliktmanagement-Strategien

Effektives Konfliktmanagement erfordert ein Verständnis der verschiedenen Strategien, die angewendet werden können, um Konflikte zu bewältigen. Führungskräfte sollten je nach Situation flexibel sein und die passende Strategie auswählen, um das beste Ergebnis zu erzielen. Im Folgenden werden die wichtigsten Ansätze vorgestellt:

1. Vermeidung

Manchmal kann es sinnvoll sein, einen Konflikt zu vermeiden, insbesondere wenn das Thema unbedeutend ist oder der richtige Zeitpunkt für die Auseinandersetzung noch nicht gekommen ist. Konfliktvermeidung kann kurzfristig helfen, Spannungen zu reduzieren, sollte aber nicht zur langfristigen Strategie werden, da ungelöste Konflikte im Hintergrund weiter schwelen und später stärker eskalieren können. Es ist wichtig, genau abzuwägen, wann die Vermeidung eines Konflikts der richtige Ansatz ist und wann es notwendig ist, ihn anzusprechen, um eine nachhaltige Lösung zu erreichen. Führungskräfte sollten verstehen, dass die ständige Vermeidung von Konflikten dazu führen kann, dass diese im Hintergrund weiter gären und das Arbeitsklima vergiften.

2. Anpassung

Bei der Anpassung geht es darum, den eigenen Standpunkt zugunsten der Beziehung zurückzustellen. Diese Strategie kann sinnvoll sein, wenn der Konflikt nicht besonders wichtig ist oder die Aufrechterhaltung der Beziehung Priorität hat. Anpassung zeigt eine Bereitschaft zur Flexibilität und zum Entgegenkommen, kann jedoch auch langfristig zu Unzufriedenheit führen, wenn die eigenen Bedürfnisse ständig vernachlässigt werden. Führungskräfte sollten sicherstellen, dass die Anpassung nicht als Schwäche wahrgenommen wird und dass die Interessen aller Parteien zumindest teilweise berücksichtigt werden, um langfristige Frustrationen zu vermeiden. Anpassung ist besonders dann sinnvoll, wenn die Beziehung langfristig wichtiger ist als der kurzfristige Erfolg, und die Führungskraft signalisiert dadurch, dass sie die Bedürfnisse anderer anerkennt.

3. Kompromiss

Der Kompromiss ist eine Strategie, bei der beide Seiten Zugeständnisse machen, um eine Lösung zu finden, die für alle akzeptabel ist. Kompromisse sind oft hilfreich, wenn die Interessen beider Seiten gleich wichtig sind und eine schnelle Lösung gefunden werden muss. Der Kompromiss ist ein „Mittelweg", bei dem keine der beiden Parteien vollständig gewinnt, aber auch niemand alles verliert. Diese Strategie kann effektiv sein, wenn die Konfliktparteien bereit sind, aufeinander zuzugehen, und wenn es darum geht, pragmatische und schnelle Lösungen zu finden. Führungskräfte sollten jedoch bedenken, dass Kompromisse nicht immer die beste langfristige Lösung sind, da sie oft nicht die grundlegenden Ursachen des Konflikts angehen. Ein Kompromiss kann sinnvoll sein, wenn beide Seiten unterschiedliche, aber gleichwertige Anliegen haben, die sie bereit sind, teilweise aufzugeben, um eine schnelle Einigung zu erzielen.

4. Zusammenarbeit

Zusammenarbeit ist eine der effektivsten Strategien, um Konflikte nachhaltig zu lösen. Sie bedeutet, dass beide Seiten gemeinsam nach einer Lösung suchen, die für alle zufriedenstellend ist. Diese Strategie erfordert Offenheit, Zeit und die Bereitschaft, die Perspektive des anderen zu verstehen. Der kollaborative Ansatz ist oft der effektivste Weg, um Win-Win-Lösungen zu finden, die alle Parteien zufriedenstellen. Diese Strategie fördert nicht nur die Lösung des aktuellen Konflikts, sondern stärkt auch die Beziehungen innerhalb des Teams, da sie auf gegenseitigem Respekt und Verständnis basiert. Führungskräfte, die eine Kultur der Zusammenarbeit fördern, schaffen ein Umfeld, in dem Konflikte als Gelegenheiten zur Verbesserung wahrgenommen werden. Zusammenarbeit erfordert eine hohe emotionale Intelligenz und die Bereitschaft, eigene Ansichten kritisch zu hinterfragen. Durch diesen Ansatz wird nicht nur das aktuelle Problem gelöst, sondern auch die Teamfähigkeit und das Vertrauen gestärkt.

5. Konfrontation

Bei der Konfrontation geht es darum, den Konflikt direkt anzugehen und ihn offen anzusprechen. Diese Strategie ist oft notwendig, wenn grundlegende Probleme bestehen, die nicht durch Kompromisse oder Anpassung gelöst werden können. Konfrontation bedeutet jedoch nicht, aggressiv zu handeln, sondern den Mut zu haben, schwierige Themen offen anzusprechen. Wichtig dabei ist, dass die Konfrontation respektvoll und konstruktiv erfolgt, um eine Eskalation zu vermeiden. Eine direkte und respektvolle Konfrontation kann dazu beitragen, Missverständnisse aufzuklären und Lösungen zu finden, die für alle akzeptabel sind. Es ist die Aufgabe der Führungskraft, eine Atmosphäre zu schaffen, in der Konfrontation nicht als Angriff, sondern als konstruktiver Beitrag wahrgenommen wird. Führungskräfte sollten sicherstellen, dass eine Konfrontation nicht dazu führt, dass sich jemand angegriffen fühlt, sondern als Chance zur Klärung und Verbesserung betrachtet wird. Dabei helfen Techniken wie das Verwenden von Ich-Botschaften, um die eigene Perspektive darzulegen, ohne die andere Person anzugreifen.

10.4 Die Rolle der emotionalen Intelligenz im Konfliktmanagement

Emotionale Intelligenz spielt eine entscheidende Rolle im erfolgreichen Umgang mit Konflikten. Führungskräfte, die ihre eigenen Emotionen und die ihrer Mitarbeiter verstehen, sind in der Lage, Konflikte frühzeitig zu erkennen und auf eine Weise zu lösen, die für alle Beteiligten positiv ist. Emotionale Intelligenz umfasst mehrere Komponenten, darunter Empathie, Selbstregulierung und soziale Kompetenz, die alle beim Konfliktmanagement eine wichtige Rolle spielen. Empathie hilft dabei, die Gefühle und Perspektiven der anderen zu verstehen, während Selbstregulierung sicherstellt, dass die eigene Reaktion angemessen bleibt und nicht eskaliert. Soziale Kompetenz ermöglicht es, eine vertrauensvolle Atmosphäre zu schaffen, in der Konflikte offen angesprochen werden können.

Emotionale Intelligenz hilft nicht nur dabei, Konflikte zu lösen, sondern auch, diese frühzeitig zu erkennen und präventiv zu handeln. Führungskräfte mit hoher emotionaler Intelligenz schaffen eine Umgebung, in der sich Teammitglieder wohlfühlen, ihre Meinungen zu äußern, ohne Angst vor negativen Konsequenzen zu haben. Dies erleichtert den offenen Austausch und das rechtzeitige Ansprechen von Problemen, bevor sie zu größeren Konflikten eskalieren. Emotionale Intelligenz befähigt Führungskräfte auch, ihre eigenen Reaktionen in schwierigen Situationen zu kontrollieren und konstruktiv zu agieren, was zu einer Vorbildfunktion innerhalb des Teams wird. Durch die Fähigkeit, die eigenen Emotionen zu regulieren und gleichzeitig die Emotionen der anderen wahrzunehmen und zu verstehen, wird eine Führungskraft in die Lage versetzt, Konflikte als positive Gelegenheiten zu nutzen.

Emotionale Intelligenz ist auch eng mit der Fähigkeit zur Selbstreflexion verknüpft. Führungskräfte, die ihre eigenen Emotionen und deren Auswirkung auf andere reflektieren, sind in der Lage, ihre Verhaltensweisen anzupassen und so Konflikte frühzeitig zu entschärfen. Die Entwicklung einer hohen emotionalen Intelligenz erfordert kontinuierliches Üben und den Willen, sich selbst immer wieder zu hinterfragen. Führungskräfte sollten sich regelmäßig Zeit nehmen, um über ihre eigenen emotionalen Reaktionen nachzudenken und zu überlegen, wie diese möglicherweise das Verhalten der Teammitglieder beeinflussen. Dies trägt dazu bei, ein harmonisches und produktives Arbeitsklima zu schaffen.

10.5 Praktische Tipps für effektives Konfliktmanagement

1. **Frühzeitig eingreifen**: Konflikte sollten so früh wie möglich angesprochen werden, bevor sie eskalieren und das gesamte Team belasten. Je früher ein Konflikt erkannt und angesprochen wird, desto geringer ist die Wahrscheinlichkeit, dass er sich negativ auf das gesamte Team auswirkt. Frühzeitiges Eingreifen kann dazu beitragen, die negativen Auswirkungen von Konflikten zu minimieren und deren konstruktives Potenzial zu maximieren.

2. **Aktives Zuhören**: Zeigen Sie echtes Interesse an den Anliegen der anderen Partei und versuchen Sie, deren Perspektive zu verstehen, bevor Sie reagieren. Stellen Sie Fragen, um sicherzugehen, dass Sie die Anliegen richtig verstehen, und geben Sie das Gehörte in Ihren eigenen Worten wieder, um Missverständnisse zu vermeiden. Aktives Zuhören ist eine der wichtigsten Techniken im Konfliktmanagement, da es dazu beiträgt, Vertrauen aufzubauen und eine Basis für eine gemeinsame Lösung zu schaffen.

3. **Konstruktive Kommunikation**: Formulieren Sie Ihre Aussagen so, dass sie nicht als Angriff wahrgenommen werden. Vermeiden Sie Vorwürfe und nutzen Sie Ich-Botschaften, um Ihre Gefühle auszudrücken. Eine positive und wertschätzende Sprache hilft, die Eskalation eines Konflikts zu verhindern und stattdessen eine Lösung zu finden. Konstruktive Kommunikation bedeutet auch, dass Sie Feedback offen annehmen und bereit sind, sich selbst zu hinterfragen, um eine Lösung zu ermöglichen.

4. **Lösungsorientiert denken**: Fokussieren Sie sich darauf, gemeinsam eine Lösung zu finden, statt in Schuldzuweisungen zu verfallen.

Betonen Sie gemeinsame Ziele und Interessen, und arbeiten Sie daran, eine Lösung zu finden, die für alle Beteiligten akzeptabel ist. Lösungsorientiertes Denken hilft dabei, Konflikte als Herausforderungen und nicht als Hindernisse zu betrachten. Es ist hilfreich, konkrete Schritte zu definieren, um das gemeinsame Ziel zu erreichen.

5. **Emotionen kontrollieren**: Bleiben Sie ruhig und gelassen, auch wenn der Konflikt emotional aufgeladen ist. Dies hilft dabei, die Situation unter Kontrolle zu halten und eine Eskalation zu vermeiden. Techniken wie tiefes Atmen oder eine kurze Pause können helfen, die eigenen Emotionen zu regulieren und eine besonnene Reaktion zu ermöglichen. Die Fähigkeit, auch in hitzigen Momenten ruhig zu bleiben, ist eine der wichtigsten Qualitäten einer erfolgreichen Führungskraft.

6. **Offenheit fördern**: Schaffen Sie eine Arbeitsatmosphäre, in der Konflikte als normaler Bestandteil der Zusammenarbeit angesehen werden. Teammitglieder sollten das Gefühl haben, ihre Meinungen und Bedenken äußern zu können, ohne negative Konsequenzen befürchten zu müssen. Offenheit im Umgang mit Konflikten fördert Vertrauen und Respekt. Wenn Mitarbeiter sehen, dass Konflikte konstruktiv gelöst werden, sind sie eher bereit, Probleme offen anzusprechen, bevor sie eskalieren.

7. **Training und Weiterentwicklung**: Führungskräfte und Mitarbeiter sollten regelmäßig in Konfliktmanagement geschult werden. Dies hilft ihnen, ihre Fähigkeiten in diesem Bereich zu erweitern und in Konfliktsituationen souveräner zu handeln. Schulungen können Rollenspiele, Kommunikationsübungen und den Austausch von Best Practices beinhalten, um ein besseres Verständnis für die Dynamiken von Konflikten zu entwickeln.

10.6 Zusammenfassung

Konflikte sind ein natürlicher Bestandteil jeder zwischenmenschlichen Beziehung, insbesondere im Arbeitskontext. Der Schlüssel zu einem erfolgreichen Umgang mit Konflikten liegt nicht darin, sie zu vermeiden, sondern darin, sie konstruktiv zu bewältigen und als Chance für Wachstum und Verbesserung zu nutzen. Emotionale Intelligenz ist dabei eine wesentliche Fähigkeit, die es Führungskräften ermöglicht, Konflikte effektiv zu lösen und ein positives Arbeitsumfeld zu schaffen. Indem Konflikte frühzeitig erkannt und offen angesprochen werden, können Teams stärker zusammenwachsen und effizienter arbeiten.

Die Fähigkeit, Konflikte als Chance zu sehen und konstruktiv zu nutzen, ist ein zentraler Bestandteil erfolgreicher Führung. Konflikte bieten die Möglichkeit, unterschiedliche Perspektiven zu berücksichtigen, Missverständnisse auszuräumen und kreative Lösungen zu finden. Führungskräfte, die emotionale Intelligenz einsetzen, können eine Kultur schaffen, in der Konflikte nicht als Bedrohung, sondern als Motor für Verbesserung wahrgenommen werden. Durch den konstruktiven Umgang mit Konflikten wird das Vertrauen innerhalb des Teams gestärkt, und die Zusammenarbeit wird effizienter und angenehmer. Konfliktmanagement ist somit nicht nur eine Herausforderung, sondern auch eine Gelegenheit, die Qualität der Zusammenarbeit und die Zufriedenheit aller Beteiligten nachhaltig zu verbessern.

Eine erfolgreiche Führungskraft erkennt Konflikte frühzeitig, nutzt ihre emotionale Intelligenz, um den Konflikt zu verstehen, und wendet die passende Strategie an, um eine nachhaltige Lösung zu finden. Konfliktmanagement ist ein fortlaufender Prozess, der kontinuierliche Reflexion und Entwicklung erfordert. Wer sich aktiv mit Konflikten auseinandersetzt und diese als Teil des Wachstumsprozesses versteht, wird nicht nur die eigene Führungsqualität steigern, sondern auch das gesamte Team zu besseren Leistungen motivieren. Konflikte sind keine Störfaktoren, sondern können – richtig angegangen – die Triebfedern für Fortschritt und Erfolg sein.

11. MEDIATION ALS FÜHRUNGSINSTRUMENT

Mediation hat sich in den letzten Jahren als wirkungsvolles Werkzeug im Führungskontext etabliert, insbesondere zur Lösung von Konflikten innerhalb eines Teams. Immer mehr Führungskräfte entdecken die zahlreichen Vorteile der Mediation, um Streitigkeiten zu entschärfen, eine produktive

Arbeitsatmosphäre zu fördern und die Fähigkeit zur Konfliktlösung zu verbessern. Dieses Kapitel behandelt die verschiedenen Phasen der Mediation und zeigt, wie Führungskräfte diese Techniken im beruflichen Alltag nutzen können, um ihre Führungskompetenz zu stärken. Es werden schrittweise Anleitungen zur Praxis der Mediation gegeben und durch konkrete Fallbeispiele illustriert, wie sich Mediation positiv auf das Team und die Unternehmensdynamik auswirken kann. Zusätzlich werden weitere Techniken der Konfliktlösung vorgestellt, die Führungskräften helfen können, auch in schwierigen Situationen souverän und zielführend zu handeln. Mediation kann nicht nur bei eskalierenden Konflikten helfen, sondern auch als präventives Mittel eingesetzt werden, um Missverständnisse gar nicht erst entstehen zu lassen.

11.1 Die Grundlagen der Mediation

Mediation ist eine Methode, die zur friedlichen Lösung von Konflikten eingesetzt wird, indem die Konfliktparteien dabei unterstützt werden, eine für beide Seiten akzeptable Lösung zu finden. Ursprünglich wurde die Mediation im rechtlichen Kontext genutzt, doch mittlerweile findet sie auch in Unternehmen große Anwendung – von der Konfliktlösung zwischen Mitarbeitern bis hin zu Verhandlungen zwischen Abteilungen. Ziel der Mediation ist es, die Kommunikation zwischen den Konfliktparteien zu verbessern und ihnen zu helfen, eigenverantwortlich zu einer Lösung zu gelangen, die ihren Bedürfnissen entspricht. Im Führungskontext bedeutet dies, eine neutrale Rolle einzunehmen und Konfliktparteien dabei zu unterstützen, offen und respektvoll miteinander zu sprechen.

Ein wesentliches Prinzip der Mediation ist es, die Parteien zu befähigen, die Perspektiven des jeweils anderen besser zu verstehen, ohne dass jemand Recht behalten oder verlieren muss. Dies fördert nicht nur das gegenseitige Verständnis, sondern trägt auch dazu bei, Beziehungen langfristig zu stärken und eine vertrauensvolle Arbeitsumgebung zu schaffen. Für eine Führungskraft ist die Fähigkeit, als Mediator aufzutreten, besonders wichtig, da ungelöste Konflikte die Produktivität erheblich beeinträchtigen und die Teamatmosphäre nachhaltig stören können. Die Mediation bietet

Führungskräften die Möglichkeit, Spannungen abzubauen, bevor sie eskalieren, und sorgt dafür, dass die Mitarbeiter in einer positiven und konstruktiven Atmosphäre zusammenarbeiten können. Ein weiterer wichtiger Punkt ist, dass Mediation den Fokus auf den Prozess der Konfliktbewältigung lenkt, anstatt sich ausschließlich auf die Ergebnisse zu konzentrieren. Dadurch wird eine nachhaltige Lösung angestrebt, die die langfristigen Beziehungen innerhalb des Teams stärkt.

11.2 Die Phasen der Mediation

Um eine erfolgreiche Mediation durchzuführen, sollten Führungskräfte die verschiedenen Phasen der Mediation kennen und anwenden. Die folgenden Schritte beschreiben den Ablauf einer typischen Mediation:

1. **Vorbereitung und Setting**: Die Mediation beginnt mit der Vorbereitung. Die Führungskraft muss sicherstellen, dass beide Konfliktparteien bereit sind, an einer Lösung zu arbeiten. Ein neutraler Raum sollte gewählt werden, um sicherzustellen, dass sich alle Beteiligten wohlfühlen. Eine angenehme Atmosphäre unterstützt dabei, dass die Konfliktparteien sich öffnen können. In der Vorbereitungsphase ist es auch sinnvoll, sich über den Konflikthintergrund zu informieren, um besser vorbereitet in die Mediation zu gehen. Die Führungskraft sollte sich sowohl auf die sachliche als auch auf die emotionale Ebene des Konflikts vorbereiten, da beides eine wichtige Rolle spielt.

2. **Einleitung und Regeln festlegen**: In dieser Phase leitet die Führungskraft als Mediator das Gespräch ein und stellt die Regeln vor. Die wichtigste Regel lautet, dass beide Parteien einander respektieren und sich ausreden lassen. Die Führungskraft erklärt, dass sie eine neutrale Rolle einnimmt und keine Partei bevorzugt. Diese Klarstellung sorgt für Vertrauen und Akzeptanz des Mediationsprozesses. Es ist auch hilfreich, auf die Vertraulichkeit des Gesprächs hinzuweisen, um die Offenheit der Beteiligten zu fördern. Transparenz ist hier entscheidend – nur wenn sich alle Beteiligten sicher fühlen, können sie sich voll auf den Prozess einlassen.

3. **Perspektiven darstellen**: Jede Konfliktpartei erhält die Möglichkeit, ihre Sichtweise darzulegen, ohne unterbrochen zu werden. Es ist wichtig, dass die Führungskraft dabei aktiv zuhört und die Aussagen paraphrasiert, um sicherzustellen, dass alle Beteiligten sich verstanden fühlen. Diese Phase hilft, Missverständnisse zu identifizieren und Klarheit über die jeweiligen Bedürfnisse und Erwartungen zu schaffen. Das aktive Zuhören durch die Führungskraft ist entscheidend, um den Konfliktparteien zu zeigen, dass ihre Anliegen ernst genommen werden. Hier geht es auch darum, Empathie zu zeigen und die verbale sowie nonverbale Kommunikation der Beteiligten zu beachten.

4. **Gemeinsame Interessen erkennen**: Nachdem beide Parteien ihre Sichtweise geschildert haben, hilft die Führungskraft dabei, gemeinsame Interessen herauszuarbeiten. Dies kann durch gezielte Fragen geschehen, die die Beteiligten dazu anregen, darüber nachzudenken, was ihnen wirklich wichtig ist. Das Finden von gemeinsamen Interessen bildet die Grundlage für eine Lösung, die für beide Seiten akzeptabel ist. Diese Phase erfordert ein hohes Maß an Empathie von der Führungskraft, um die versteckten Bedürfnisse und Wünsche der Parteien ans Licht zu bringen. Indem man den Beteiligten die Möglichkeit gibt, ihre gemeinsamen Ziele zu identifizieren, kann man oft eine starke Grundlage für die Lösungsfindung schaffen.

5. **Lösungsfindung**: In dieser Phase werden verschiedene Lösungsmöglichkeiten diskutiert. Die Führungskraft fördert den kreativen Prozess, indem sie die Parteien ermutigt, unterschiedliche Optionen vorzuschlagen. Ziel ist es, eine Lösung zu finden, die für beide Seiten eine Win-Win-Situation darstellt. Die Führungskraft unterstützt diesen Prozess, indem sie sicherstellt, dass die Vorschläge realistisch und umsetzbar sind. In manchen Fällen kann es hilfreich sein, die Lösungsfindung in mehrere Schritte zu unterteilen und Teilziele zu formulieren, die leichter zu erreichen sind. Führungskräfte sollten sicherstellen, dass die vorgeschlagenen Lösungen nicht nur kurzfristig, sondern auch langfristig tragfähig sind, damit die Zusammenarbeit nachhaltig verbessert wird.

6. **Vereinbarung und Abschluss**: Sobald eine Einigung erzielt wurde, wird diese schriftlich festgehalten. Die Führungskraft stellt sicher, dass alle Beteiligten die Vereinbarung verstehen und sich dazu verpflichten. Ein klarer Abschluss ist wichtig, damit alle Parteien mit einem positiven Gefühl aus der Mediation herausgehen und wissen, welche Schritte als nächstes folgen. Es kann zudem sinnvoll sein, Folgetermine zu vereinbaren, um den Fortschritt zu überprüfen und bei Bedarf Anpassungen vorzunehmen. Ein Follow-up sorgt dafür, dass alle Beteiligten an der Umsetzung der Lösung arbeiten und mögliche neue Herausforderungen gemeinsam angegangen werden können.

11.3 Fallbeispiele: Mediation im Führungsalltag

Um die Wirkung der Mediation im Führungskontext besser zu verstehen, werden im Folgenden einige Fallbeispiele vorgestellt:

- **Fallbeispiel 1: Konflikt um Verantwortlichkeiten** In einem Team herrscht seit Wochen Unstimmigkeit über die Aufteilung der Verantwortlichkeiten. Zwei Mitarbeiter sind der Meinung, dass ihre Arbeitslast unfair verteilt ist. Die Führungskraft entscheidet sich, eine Mediation durchzuführen. In einem ruhigen Raum gibt sie beiden Mitarbeitern die Gelegenheit, ihre Sichtweise darzulegen. Sie erkennt, dass die Unzufriedenheit vor allem durch Missverständnisse und fehlende Kommunikation entstanden ist. Durch gezielte Fragen kann die Führungskraft den Mitarbeitern helfen, gemeinsame Interessen zu erkennen, nämlich das Ziel, erfolgreich und stressfrei zusammenzuarbeiten. Am Ende einigen sich die Mitarbeiter auf eine klare Neuverteilung der Aufgaben, die für beide tragbar ist. Die Führungskraft sorgt zusätzlich dafür, dass regelmäßige Feedbackgespräche stattfinden, um die Zusammenarbeit kontinuierlich zu verbessern. Sie stellt sicher, dass die Mitarbeiter konkrete Schritte zur Umsetzung der Vereinbarung formulieren und dass jeder sich seiner Rolle bewusst ist.

- **Fallbeispiel 2: Persönliche Differenzen** Zwischen zwei Teammitgliedern besteht eine persönliche Fehde, die das gesamte Team belastet. Die Führungskraft beschließt, eine Mediation durchzuführen, um den Konflikt zu lösen. Beide Parteien bekommen Raum, ihre Sicht der Dinge darzustellen, und die Führungskraft stellt sicher, dass beide einander wirklich zuhören. Es wird deutlich, dass die Differenzen hauptsächlich auf Missverständnissen und einer unterschiedlichen Wahrnehmung der Arbeitsweise beruhen. Durch die Mediation können die Beteiligten ein besseres Verständnis füreinander entwickeln. Sie einigen sich darauf, regelmäßig kurze Gespräche zu führen, um Missverständnissen vorzubeugen und ihre Zusammenarbeit zu verbessern. Die Führungskraft bietet sich zudem als Ansprechpartner an, falls weitere Konflikte auftauchen sollten. Diese Unterstützung und das Angebot der Begleitung zeigen den Konfliktparteien, dass die Führungskraft an einer langfristigen Lösung interessiert ist.
- **Fallbeispiel 3: Konflikt in einem Projektteam** Ein Projektteam steht unter großem Druck, da die Deadline näher rückt. Ein Konflikt entsteht, weil einige Teammitglieder das Gefühl haben, dass andere nicht genug zur Projektarbeit beitragen. Die Führungskraft setzt eine Mediation an, um den Konflikt zu entschärfen. In der Mediation wird deutlich, dass die unterschiedlichen Erwartungen an die Arbeitsleistung nicht klar kommuniziert wurden. Durch die Mediation können die Teammitglieder ihre Sichtweisen darlegen und gemeinsam Lösungen finden, wie die Arbeit fair verteilt werden kann. Dies führt zu einer besseren Zusammenarbeit und einer effizienteren Arbeitsteilung bis zum Projektabschluss. Nach der Mediation setzt die Führungskraft regelmäßige kurze Check-ins an, um sicherzustellen, dass die vereinbarten Maßnahmen eingehalten werden und die Zusammenarbeit weiterhin gut funktioniert. Sie führt auch eine Reflexionsrunde nach Abschluss des Projekts durch, um zu analysieren, was gut funktioniert hat und was verbessert werden kann.

11.4 Die Vorteile der Mediation für Führungskräfte

Die Praxis der Mediation bringt zahlreiche Vorteile für Führungskräfte mit sich. Einer der größten Vorteile ist die **Förderung der Kommunikation**. Durch Mediation lernen Führungskräfte, besser zuzuhören und auf die Bedürfnisse ihrer Mitarbeiter einzugehen. Mediation ermöglicht es, Konflikte frühzeitig zu erkennen und zu entschärfen, bevor sie eskalieren. Dies führt zu einer produktiveren und angenehmeren Arbeitsatmosphäre. Wenn Führungskräfte die Techniken der Mediation beherrschen, können sie Konflikte bereits im Keim ersticken und so die Effizienz im Team deutlich steigern. Zudem wird durch die Mediation das Vertrauen der Mitarbeiter in die Führungskraft gestärkt, da sie spüren, dass ihre Anliegen ernst genommen werden.

Ein weiterer wichtiger Vorteil der Mediation ist die **Stärkung des Teamzusammenhalts**. Durch die Vermittlung zwischen Konfliktparteien wird das Vertrauen innerhalb des Teams gestärkt. Mitarbeiter fühlen sich ernst genommen und erleben, dass ihre Anliegen gehört werden. Dies trägt dazu bei, die Motivation zu steigern und die Zusammenarbeit zu verbessern. Zusätzlich verbessert Mediation die **Selbstwahrnehmung** der Führungskraft, da sie lernt, eigene Vorurteile und Annahmen zu hinterfragen und eine neutrale Position einzunehmen. Dies trägt maßgeblich zur persönlichen Weiterentwicklung und zur Verbesserung der Führungsqualität bei. Führungskräfte, die Mediation erfolgreich einsetzen, fördern auch eine offene Fehlerkultur, in der die Mitarbeiter keine Angst davor haben, Probleme offen anzusprechen.

Mediation hilft auch, die **Kreativität und Problemlösungskompetenz** im Team zu fördern. Wenn Konflikte erfolgreich gelöst werden, entsteht oft Raum für neue Ideen und innovative Ansätze. Mitarbeiter sind eher bereit, Verantwortung zu übernehmen und ihre eigenen Lösungsvorschläge einzubringen, wenn sie erleben, dass ihre Meinung zählt und Konflikte auf faire Weise gelöst werden. Dies trägt dazu bei, eine offene und kreative Unternehmenskultur zu fördern. Eine solche Kultur, in der Konflikte konstruktiv und lösungsorientiert angegangen werden, motiviert die Mitarbeiter dazu, auch in schwierigen Situationen mutig zu sein und aktiv zur Problemlösung beizutragen. Darüber hinaus trägt die Mediation zur emotionalen Entlastung der Mitarbeiter bei, da ungelöste Konflikte nicht länger als Belastung empfunden werden.

11.5 Mediationstechniken für den Arbeitsalltag

Neben der formellen Mediation gibt es zahlreiche Techniken, die Führungskräfte im Arbeitsalltag anwenden können, um kleinere Konflikte frühzeitig zu entschärfen. Beispiele sind:

- **Aktives Zuhören**: Führungskräfte können durch aktives Zuhören Konflikte frühzeitig erkennen und entschärfen. Dies bedeutet, dem Gesprächspartner volle Aufmerksamkeit zu schenken, das Gesagte zu paraphrasieren und Rückfragen zu stellen, um sicherzustellen, dass alle Aspekte des Problems verstanden werden. Durch aktives Zuhören kann die Führungskraft auch erkennen, wenn unausgesprochene Konflikte vorhanden sind, und proaktiv Maßnahmen ergreifen. Das aktive Zuhören zeigt den Mitarbeitern, dass ihre Meinung wertgeschätzt wird, und stärkt die Vertrauensbasis.
- **Neutralität wahren**: In Konfliktsituationen ist es wichtig, dass die Führungskraft eine neutrale Position einnimmt. Dies schafft Vertrauen bei den Konfliktparteien und zeigt, dass die Führungskraft daran interessiert ist, eine faire Lösung zu finden, anstatt Partei zu ergreifen. Neutralität hilft auch, die Glaubwürdigkeit der Führungskraft zu wahren und sorgt dafür, dass die Mitarbeiter sich sicher fühlen, ihre Perspektiven offen darzulegen. Diese Unparteilichkeit ist von entscheidender Bedeutung, um den Mediationsprozess objektiv zu halten und den Beteiligten das Gefühl zu geben, dass ihre Anliegen gleichwertig behandelt werden.
- **Direkte Kommunikation fördern**: Führungskräfte sollten ihre Mitarbeiter dazu ermutigen, Konflikte direkt anzusprechen, anstatt sie zu ignorieren oder hinter dem Rücken des anderen zu sprechen. Durch die Förderung einer offenen Kommunikationskultur wird die Wahrscheinlichkeit reduziert, dass Konflikte eskalieren. Eine direkte

Kommunikation fördert auch das gegenseitige Verständnis und trägt dazu bei, Missverständnisse frühzeitig zu klären. Direkte Kommunikation kann durch klare und respektvolle Sprache gefördert werden, die sowohl Wertschätzung als auch konstruktives Feedback beinhaltet.

- **Kleine Mediationen im Alltag**: Nicht jeder Konflikt erfordert eine formelle Mediation. Führungskräfte können „Mini-Mediationen" im Alltag durchführen, indem sie beispielsweise bei einem kurzen Gespräch in der Kaffeepause helfen, Missverständnisse zu klären. Solche informellen Gespräche sind oft sehr effektiv, um Spannungen frühzeitig abzubauen. Diese „Mini-Mediationen" fördern eine kontinuierliche Konfliktbewältigung und verhindern, dass kleine Probleme zu großen Konflikten anwachsen. Sie bieten den Mitarbeitern die Möglichkeit, Konflikte auf eine lockere Weise zu lösen, bevor sie überhaupt als ernstes Problem wahrgenommen werden.

11.6 Zusammenfassung

Mediation ist ein wertvolles Werkzeug für Führungskräfte, um Konflikte zu lösen, die Kommunikation im Team zu verbessern und eine positive Arbeitskultur zu etablieren. Durch regelmäßige Anwendung von Mediationstechniken kann eine Führungskraft lernen, bewusster zu handeln und eine gelassene, produktive Atmosphäre zu schaffen. Die in diesem Kapitel vorgestellten Schritt-für-Schritt-Anleitungen und Fallbeispiele verdeutlichen, wie Mediation in den Führungsalltag integriert werden kann, um sowohl das eigene Wohlbefinden als auch das Wohl des gesamten Teams nachhaltig zu steigern. Indem Führungskräfte als Mediatoren auftreten, können sie nicht nur Konflikte lösen, sondern auch das Vertrauen und die Zusammenarbeit im Team langfristig stärken. Die regelmäßige Anwendung dieser Techniken kann entscheidend dazu beitragen, eine Unternehmenskultur des gegenseitigen Respekts, der Offenheit und des gemeinsamen Wachstums zu schaffen. Führungskräfte, die sich als Mediatoren verstehen, entwickeln die Fähigkeit, auch in schwierigen Zeiten einen klaren Kopf zu bewahren und ihr Team mit Gelassenheit und Zielstrebigkeit zu führen.

12. KRITIK UND SANKTIONEN

12.1 Einleitung

Kritik und Sanktionen sind unverzichtbare Instrumente im Führungsalltag, jedoch oft schwierig umzusetzen. Während konstruktive Kritik dazu beitragen kann, individuelle und teambezogene Leistungen zu verbessern, können Sanktionen nötig sein, um klare Grenzen aufzuzeigen und die Einhaltung von Regeln sicherzustellen. Die Art und Weise, wie Kritik formuliert und Sanktionen verhängt werden, hat entscheidenden Einfluss auf die Arbeitsatmosphäre und die Beziehung zwischen Führungskraft und Mitarbeitenden. Ein ausgewogener Umgang mit Kritik und Sanktionen kann nicht nur die Leistung verbessern, sondern auch Vertrauen und Respekt innerhalb des Teams stärken. Ohne eine effektive Anwendung dieser Werkzeuge kann eine Führungskraft es schwer haben, das volle Potenzial ihrer Mitarbeitenden auszuschöpfen und ein produktives Arbeitsumfeld zu schaffen.

Das Ziel dieses Kapitels ist es, die Rolle von Kritik und Sanktionen in der Führung zu verstehen und Wege aufzuzeigen, wie diese Instrumente effektiv eingesetzt werden können. Wir betrachten, welche Arten von Kritik es gibt, wann Sanktionen sinnvoll sein können und wie diese kommuniziert werden sollten, um Missverständnisse und Demotivation zu vermeiden. Besonders wichtig ist dabei die Differenzierung zwischen konstruktiver und destruktiver Kritik sowie die Rolle der emotionalen Intelligenz im Umgang mit sensiblen Themen. Führungskräfte, die in der Lage sind, Kritik und Sanktionen auf faire und konstruktive Weise zu nutzen, können nicht nur Probleme ansprechen und lösen, sondern auch das Team enger zusammenschweißen und zu einer stärkeren Motivation beitragen.

Kritik und Sanktionen sind Instrumente, die in den richtigen Kontext eingebettet sein sollten. Sie sind nicht als Mittel zur Unterdrückung von Kreativität oder Eigeninitiative gedacht, sondern als Weg, klare Erwartungen zu kommunizieren und zur Erreichung gemeinsamer Ziele beizutragen. Eine wirksame Führungskraft weiß, dass Kritik und Sanktionen immer in einem größeren Rahmen der Förderung und Unterstützung stehen sollten. Daher sind Reflexion und der richtige Einsatz von Empathie von zentraler Bedeutung, um die gewünschten Effekte zu erzielen.

12.2 Kritik: Formen und Anwendung

Kritik ist ein Werkzeug, das genutzt werden kann, um Fehlverhalten zu korrigieren oder um Verbesserungspotenziale aufzuzeigen. Wichtig ist es, zwischen konstruktiver und destruktiver Kritik zu unterscheiden. Konstruktive Kritik sollte das Ziel haben, die betroffene Person in ihrer Entwicklung zu unterstützen, während destruktive Kritik oft auf persönliche Angriffe hinausläuft und langfristig demotiviert. Für Führungskräfte ist es essenziell, Kritik als Mittel zur Weiterentwicklung zu verstehen und entsprechend achtsam vorzugehen. Kritik ist also keineswegs ein Instrument zur Bloßstellung oder zur Machtdemonstration, sondern sollte stets darauf abzielen, Entwicklung zu fördern und eine positive Veränderung herbeizuführen.

1. Konstruktive Kritik

Konstruktive Kritik zeichnet sich dadurch aus, dass sie lösungsorientiert ist. Sie benennt konkrete Probleme, ohne die Person als Ganzes infrage zu stellen, und bietet gleichzeitig Anregungen zur Verbesserung. Ein Beispiel dafür könnte sein: "Mir ist aufgefallen, dass die letzten Berichte nicht pünktlich abgegeben wurden. Wie können wir gemeinsam sicherstellen, dass die Fristen eingehalten werden?" Diese Art der Kritik fördert die Bereitschaft zur Zusammenarbeit und motiviert zur Veränderung, da sie nicht verurteilend, sondern unterstützend ist. Konstruktive Kritik sollte immer auf Augenhöhe erfolgen und auch die Möglichkeit bieten, dass der Mitarbeitende seine Sichtweise darstellt. Auf diese Weise wird das Gespräch zu einem Austausch, der ein gemeinsames Verständnis und eine gemeinsame Lösung ermöglicht.

Ein weiteres Beispiel wäre, nicht nur auf das Problem hinzuweisen, sondern auch Stärken zu betonen: "Die Inhalte des Berichts waren sehr gut recherchiert, allerdings hat die Einhaltung der Frist dieses Mal nicht geklappt. Wie können wir in Zukunft sicherstellen, dass du diese tollen Inhalte auch pünktlich abgeben kannst?" Durch das Hervorheben positiver Aspekte wird die Kritik konstruktiver und die betroffene Person fühlt sich weniger angegriffen, was die Bereitschaft zur Veränderung steigert.

Die Wirksamkeit konstruktiver Kritik hängt auch davon ab, wie diese formuliert wird. Worte haben eine immense Macht, und der Tonfall, in dem Kritik geäußert wird, kann darüber entscheiden, ob sie positiv aufgenommen oder als Angriff empfunden wird. Es ist wichtig, dass die Führungskraft nicht nur sachlich bleibt, sondern auch die Emotionen und das Befinden des Mitarbeitenden berücksichtigt. Dabei hilft es, immer wieder auf die gemeinsamen Ziele hinzuweisen und klarzumachen, dass die Kritik nicht zur Abwertung der Person dient, sondern eine Chance zur Verbesserung bietet.

2. Destruktive Kritik

Destruktive Kritik hingegen konzentriert sich auf Fehler, ohne Lösungsansätze zu bieten, und kann dadurch demotivierend wirken. Aussagen wie "Du machst das immer falsch" führen dazu, dass die betroffene Person sich angegriffen fühlt, was oft zu einer defensiven Haltung oder gar Resignation führt. Führungskräfte sollten destruktive Kritik vermeiden, da sie nicht nur das Selbstbewusstsein des Mitarbeiters beeinträchtigen, sondern auch die Beziehungsebene nachhaltig schädigen kann. Destruktive Kritik verursacht oft Frustration und Stress, wodurch die Leistungsfähigkeit und das Engagement der betroffenen Person nachhaltig beeinträchtigt werden. Zudem führt sie dazu, dass Mitarbeitende weniger offen für Feedback sind, was auf lange Sicht die Entwicklung des Teams behindert.

Eine destruktive Kritik führt nicht nur zur Verschlechterung der Leistungsfähigkeit, sondern kann langfristig auch eine Kultur der Angst schaffen, in der Mitarbeitende Hemmungen haben, Fehler zuzugeben oder neue Ideen vorzuschlagen. Das schadet nicht nur der Produktivität, sondern auch der Kreativität innerhalb eines Teams. Führungskräfte sollten sich bewusst machen, dass destruktive Kritik keinen Platz in einem positiven Führungsstil hat und sich auf die Entwicklung jedes Einzelnen negativ auswirkt.

Führungskräfte, die destruktive Kritik vermeiden wollen, sollten sich stets fragen, welche Botschaft sie vermitteln möchten und wie sie sicherstellen können, dass diese Botschaft auch in der gewünschten Form ankommt. Kritik ist nur dann wirkungsvoll, wenn sie dem Empfänger auch tatsächlich eine Richtung und Unterstützung bietet. Destruktive Kritik schafft keine

Lösungen, sondern verstärkt die negativen Aspekte, die eventuell schon vorhanden sind, und führt zu einer Abwärtsspirale.

12.3 Regeln für wirkungsvolle Kritik

Zeitpunkt und Ort: Kritik sollte in einem passenden Umfeld und zum richtigen Zeitpunkt erfolgen. Persönliche Kritik sollte immer unter vier Augen und nicht vor dem gesamten Team erfolgen, um eine unnötige Bloßstellung zu vermeiden. Dies ist entscheidend, um das Vertrauen des Mitarbeiters zu bewahren und zu verhindern, dass sich die betroffene Person in eine defensive Haltung begibt. Auch sollte der Zeitpunkt sorgfältig gewählt werden – nicht in stressigen Momenten, sondern dann, wenn die betroffene Person empfänglich für ein Gespräch ist. Der richtige Zeitpunkt kann darüber entscheiden, ob die Kritik konstruktiv aufgenommen oder abgelehnt wird.

Konkretheit: Kritik sollte immer spezifisch und nachvollziehbar sein. Allgemeine Aussagen wie "Das war schlecht" sind nicht hilfreich. Stattdessen sollte genau benannt werden, was verbessert werden kann. Zum Beispiel: "Der Bericht war inhaltlich gut, aber die Struktur war nicht klar genug, sodass einige wichtige Punkte verloren gingen." Dadurch erhält der Mitarbeitende eine klare Orientierung, was geändert werden sollte und warum. Konkrete Kritik bietet die Grundlage für die Entwicklung von Lösungen und macht es für die betroffene Person einfacher, gezielte Maßnahmen zu ergreifen.

Ich-Botschaften: Statt Vorwürfe zu machen, sollten Ich-Botschaften verwendet werden. Diese verdeutlichen die eigene Perspektive, ohne die andere Person anzugreifen. Zum Beispiel: "Ich habe den Eindruck, dass wir bei diesem Projekt unterschiedliche Erwartungen hatten. Lass uns das klären." Dies trägt dazu bei, dass die andere Person sich weniger angegriffen fühlt und eher bereit ist, das Feedback anzunehmen und Veränderungen vorzunehmen. Ich-Botschaften helfen dabei, dass das Feedback nicht als Angriff, sondern als persönliche Wahrnehmung und Einladung zum Dialog verstanden wird.

Lösungsorientiertheit: Kritik sollte immer darauf abzielen, gemeinsam eine Lösung zu finden. Der Fokus sollte nicht auf der

Vergangenheitsbewältigung liegen, sondern auf zukünftigen Verbesserungen. Fragen wie "Was könnten wir in Zukunft anders machen?" oder "Wie kann ich dich unterstützen, damit dies nicht wieder passiert?" helfen, den Blick auf das Positive und die Entwicklung zu richten. Eine lösungsorientierte Kritik stärkt die Motivation und zeigt, dass es nicht darum geht, Fehler zu verurteilen, sondern daran zu arbeiten, wie ähnliche Fehler in der Zukunft vermieden werden können.

12.4 Sanktionen: Notwendigkeit und Grenzen

Sanktionen sind ein Mittel, um das Einhalten von Regeln sicherzustellen und die Konsequenzen von Fehlverhalten deutlich zu machen. Im Führungsalltag sollten Sanktionen immer als letztes Mittel eingesetzt werden, wenn andere Maßnahmen wie Gespräche oder Unterstützung nicht zum gewünschten Erfolg geführt haben. Sie dienen dazu, klare Grenzen aufzuzeigen und sind vor allem in Situationen notwendig, in denen das Fehlverhalten das Team oder die Zielerreichung ernsthaft gefährdet. Sanktionen müssen mit Bedacht eingesetzt werden, da sie das Potenzial haben, das Vertrauen und die Motivation der Mitarbeitenden zu beeinträchtigen, wenn sie unangemessen oder unfair wirken.

12.5 Arten von Sanktionen

Sanktionen können in verschiedenen Formen erfolgen, abhängig von der Schwere des Fehlverhaltens. Leichte Verstöße können durch eine formelle Ermahnung adressiert werden, während schwerwiegendere Fälle möglicherweise eine schriftliche Verwarnung oder sogar arbeitsrechtliche Konsequenzen nach sich ziehen. Wichtig ist, dass die Sanktion verhältnismäßig ist und dem jeweiligen Fehlverhalten angemessen gegenübersteht. Eine zu milde Sanktion kann als fehlende Konsequenz verstanden werden, während eine zu harte Sanktion demotivieren und die Arbeitsbeziehung belasten kann. Die Auswahl der geeigneten Sanktion hängt von verschiedenen Faktoren ab, wie etwa der Häufigkeit des Fehlverhaltens, dessen Auswirkungen auf das Team sowie dem bisherigen Verhalten des Mitarbeitenden.

Auch sollte überlegt werden, ob alternative Maßnahmen, wie etwa Coaching oder Training, zielführender sein könnten als eine klassische

Sanktion. Manchmal resultiert Fehlverhalten aus einem Mangel an Wissen oder Fähigkeiten, und eine unterstützende Maßnahme kann nachhaltigere Ergebnisse erzielen als eine reine Bestrafung. Führungskräfte sollten stets prüfen, welche Maßnahme am besten geeignet ist, um eine positive Veränderung herbeizuführen, bevor sie zu Sanktionen greifen. In vielen Fällen wird ein unterstützender Ansatz langfristig erfolgversprechender sein, da er die Kompetenz der Mitarbeitenden erhöht und nachhaltige Verbesserungen fördert.

12.6 Prinzipien wirksamer Sanktionen

Verhältnismäßigkeit: Die Sanktion muss dem Fehlverhalten angemessen sein. Eine zu harte Sanktion für ein geringfügiges Vergehen kann das Vertrauen in die Führungskraft erschüttern und die Mitarbeitenden demotivieren. Gleichzeitig sollte aber auch nicht zu nachsichtig agiert werden, um das Gefühl von Konsequenzlosigkeit zu vermeiden. Führungskräfte müssen sicherstellen, dass jede Sanktion fair und nachvollziehbar ist.

Transparenz: Mitarbeitende sollten wissen, welche Konsequenzen sie bei bestimmten Verstößen erwarten. Transparenz bei den Regeln und deren Anwendung schafft Klarheit und Sicherheit. Dadurch werden Unsicherheiten vermieden und es wird gewährleistet, dass alle Teammitglieder die gleichen Informationen haben und wissen, woran sie sind. Klare Kommunikation über die geltenden Regeln und möglichen Konsequenzen führt dazu, dass sich niemand unfair behandelt fühlt. Transparenz hilft auch dabei, dass die Sanktionen als gerecht empfunden werden und dass Mitarbeitende verstehen, warum bestimmte Maßnahmen notwendig sind.

Konsequenz: Ein konsequentes Vorgehen bei der Umsetzung von Sanktionen ist entscheidend, um Glaubwürdigkeit zu wahren. Inkonsistentes Verhalten führt zu Unsicherheit und kann das Vertrauen der Mitarbeitenden in die Führungskraft beeinträchtigen. Wenn Regeln und Konsequenzen nur sporadisch angewandt werden, entsteht das Gefühl von Ungerechtigkeit, was zu einer schlechten Arbeitsatmosphäre führen kann. Konsequenz bedeutet auch, dass positive Verhaltensänderungen anerkannt und gewürdigt werden. Konsequenz ist nicht gleichbedeutend mit Härte – es geht darum, verlässliche und klare Rahmenbedingungen zu schaffen, innerhalb derer alle Teammitglieder wissen, woran sie sind.

Führungskräfte müssen eine feine Balance zwischen den Interessen des Unternehmens und den Bedürfnissen der Mitarbeitenden finden. Sanktionen sollten stets so angewandt werden, dass die langfristige Zusammenarbeit nicht gefährdet wird, sondern Fehlverhalten korrigiert und Verbesserungen ermöglicht werden. Eine gute Führungskraft versteht es, Sanktionen als Lernmöglichkeit zu gestalten, sodass der betroffene Mitarbeitende die Konsequenzen seines Verhaltens versteht und daraus positive Schlüsse ziehen kann. Einfühlungsvermögen spielt hier eine entscheidende Rolle, um sicherzustellen, dass die Sanktion als gerecht und hilfreich empfunden wird.

12.7 Emotionale Intelligenz im Umgang mit Kritik und Sanktionen

Emotionale Intelligenz spielt eine wesentliche Rolle, wenn es um Kritik und Sanktionen geht. Eine empathische Führungskraft ist in der Lage, die Gefühle der betroffenen Person wahrzunehmen und diese in ihre Entscheidungen einzubeziehen. Emotionale Intelligenz hilft dabei, Kritik so zu formulieren, dass sie nicht verletzend ist, sondern als Chance zur Verbesserung wahrgenommen wird. Auch bei der Verhängung von Sanktionen ist Empathie gefragt, um sicherzustellen, dass die Maßnahme als fair empfunden wird und die betroffene Person motiviert bleibt, sich zu verbessern. Emotionale Intelligenz bedeutet auch, die eigenen Emotionen zu kontrollieren, damit Kritik oder Sanktionen nicht aus einem Moment der Frustration heraus ausgesprochen werden, sondern wohlüberlegt und angemessen sind.

12.8 Empathie und Perspektivenwechsel

Eine empathische Führungskraft versucht, die Situation aus der Perspektive des Mitarbeitenden zu sehen. Bevor Kritik geäußert oder eine Sanktion verhängt wird, kann es hilfreich sein, sich zu fragen: "Wie würde ich mich in dieser Situation fühlen?" und "Welche Unterstützung braucht mein Mitarbeiter jetzt, um besser zu werden?" Diese Überlegungen helfen, das Vorgehen menschlicher und fairer zu gestalten. Empathie schafft Vertrauen und sorgt dafür, dass die betroffene Person die Maßnahme als gerecht empfindet, was ihre Bereitschaft zur Veränderung erhöht.

Empathie bedeutet auch, sich Zeit zu nehmen, um den Beweggründen des Mitarbeitenden auf den Grund zu gehen. Vielleicht gibt es persönliche Probleme oder Missverständnisse, die zu einem Fehlverhalten geführt haben. Führungskräfte, die ein echtes Interesse an den Umständen der Mitarbeitenden zeigen, können gezielter unterstützen und präventiv eingreifen, bevor Konflikte oder Fehlverhalten eskalieren. Indem eine Führungskraft die individuellen Bedürfnisse und Herausforderungen ihrer Teammitglieder versteht, kann sie effektiver und gezielter Maßnahmen ergreifen, die der Situation angemessen sind.

12.9 Die Balance zwischen Härte und Unterstützung

Kritik und Sanktionen sind immer eine Gratwanderung zwischen notwendiger Härte und unterstützender Fürsorge. Führungskräfte müssen in der Lage sein, klare Grenzen aufzuzeigen, ohne dabei die Menschlichkeit aus den Augen zu verlieren. Es geht darum, die Balance zu finden zwischen der Durchsetzung von Regeln und der Unterstützung, die Mitarbeitende brauchen, um sich zu verbessern und ihre Rolle im Team bestmöglich zu erfüllen. Eine erfolgreiche Führungskraft erkennt, wann strikte Maßnahmen erforderlich sind und wann Empathie und Unterstützung notwendig sind, um positive Veränderungen zu erreichen.

Ein Beispiel für diese Balance ist es, klare Erwartungen zu formulieren, aber gleichzeitig Unterstützung anzubieten: "Ich erwarte, dass in Zukunft die Deadlines eingehalten werden. Wie kann ich dich dabei unterstützen, dies zu erreichen?" Diese Haltung zeigt einerseits, dass es klare Regeln gibt, macht aber auch deutlich, dass der Mitarbeitende nicht allein gelassen wird. Die Kombination aus Forderung und Unterstützung schafft ein Umfeld, in dem Mitarbeitende bereit sind, an ihren Schwächen zu arbeiten, ohne sich entmutigt zu fühlen.

Ein unterstützender Ansatz bedeutet auch, Erfolge zu feiern und anzuerkennen, wenn Verbesserungen erzielt werden. Dies schafft nicht nur Motivation, sondern signalisiert den Mitarbeitenden auch, dass ihre

Anstrengungen geschätzt werden. Die Balance zwischen Härte und Unterstützung bedeutet, dass die Führungskraft klar in ihren Erwartungen ist, aber gleichzeitig eine Kultur der Unterstützung und des Vertrauens schafft, in der Mitarbeitende bereit sind, Risiken einzugehen und Fehler als Teil des Lernprozesses zu sehen.

12.10 Zusammenfassung

Kritik und Sanktionen sind wichtige Werkzeuge im Führungsalltag, die jedoch mit Bedacht eingesetzt werden müssen. Konstruktive Kritik ist darauf ausgelegt, das Entwicklungspotenzial der Mitarbeitenden zu fördern und sollte immer lösungsorientiert und empathisch formuliert werden. Destruktive Kritik hingegen schadet der Motivation und sollte in einem positiven Führungsstil vermieden werden. Sanktionen sollten immer das letzte Mittel darstellen, wenn andere Maßnahmen nicht erfolgreich waren. Sie müssen verhältnismäßig, transparent und konsequent angewandt werden, um die Glaubwürdigkeit der Führungskraft zu sichern und die Zusammenarbeit im Team zu fördern.

Emotionale Intelligenz ist in diesem Zusammenhang ein wesentlicher Erfolgsfaktor. Sie hilft Führungskräften dabei, Kritik so zu formulieren, dass sie motivierend wirkt, und Sanktionen so zu verhängen, dass sie als gerecht und lernförderlich empfunden werden. Führungskräfte, die in der Lage sind, sowohl Härte als auch Unterstützung in ihrer Rolle zu vereinen, schaffen eine Kultur des Vertrauens, in der Mitarbeitende bereit sind, Risiken einzugehen, aus Fehlern zu lernen und sich kontinuierlich weiterzuentwickeln.

Das Ziel von Kritik und Sanktionen sollte stets darin bestehen, die Entwicklung und das Engagement der Mitarbeitenden zu fördern, Missstände zu beseitigen und ein Arbeitsumfeld zu schaffen, in dem sich jeder respektiert und wertgeschätzt fühlt. Nur so können Teams ihr volles Potenzial entfalten und gemeinsam erfolgreich sein.

13. REAKTANZVERHALTEN

13.1 Einleitung

Reaktanz ist ein psychologisches Phänomen, das auftritt, wenn Menschen das Gefühl haben, dass ihre Freiheit oder Entscheidungsfreiheit eingeschränkt wird. Wenn Menschen wahrnehmen, dass ihnen eine Wahlmöglichkeit genommen wird, reagieren sie oft mit Widerstand – dieser Widerstand wird als Reaktanz bezeichnet. Dieses Verhalten zeigt sich in verschiedensten Situationen, sei es im persönlichen Umfeld, im Arbeitskontext oder in anderen sozialen Interaktionen. Reaktanz kann für Führungskräfte eine besondere Herausforderung darstellen, da sie die Bereitschaft der Mitarbeitenden, sich auf Anweisungen oder Veränderungen einzulassen, erheblich beeinträchtigen kann.

Das Ziel dieses Kapitels ist es, das Konzept der Reaktanz genauer zu verstehen, die Mechanismen dahinter zu analysieren und aufzuzeigen, wie Führungskräfte durch ihr Verhalten dazu beitragen können, Reaktanz zu vermeiden oder zu minimieren. Darüber hinaus wird untersucht, wie Reaktanz das Arbeitsverhalten beeinflussen kann, beispielsweise in Form des "Dienst nach Vorschrift", und welche Strategien genutzt werden können, um eine positive Arbeitsatmosphäre zu schaffen, die weniger anfällig für Reaktanz ist. Letztlich geht es darum, Führungskräften konkrete Werkzeuge an die Hand zu geben, um auf die psychologischen Bedürfnisse ihrer Mitarbeitenden besser einzugehen und Widerstand in produktive Energie umzuwandeln.

13.2 Was ist Reaktanz?

Reaktanz tritt auf, wenn eine Person das Gefühl hat, dass ihre Entscheidungsfreiheit eingeschränkt oder bedroht wird. Diese Bedrohung führt zu einer psychologischen Reaktion, die darauf abzielt, die Freiheit wiederherzustellen. Oft drückt sich Reaktanz in Form von Widerstand gegenüber Anweisungen oder Vorschriften aus, wobei Betroffene die Anweisungen bewusst missachten oder sogar das Gegenteil dessen tun, was von ihnen erwartet wird. Es handelt sich um eine Verteidigungsreaktion, die darauf abzielt, die Kontrolle über das eigene Verhalten zurückzugewinnen.

Ein einfaches Beispiel für Reaktanz ist das Verhalten von Kindern, die aufgefordert werden, etwas nicht zu tun – oft steigt in diesem Moment die Versuchung, genau das Verbotene zu tun. Dies zeigt, dass Reaktanz tief in der menschlichen Natur verwurzelt ist und eine Art Schutzmechanismus darstellt, der die persönliche Autonomie bewahren soll. Im Arbeitsumfeld äußert sich Reaktanz oft subtiler, beispielsweise durch mangelndes Engagement oder eine passive Haltung gegenüber Veränderungen. Diese Form des Widerstands kann jedoch erhebliche Auswirkungen auf die Produktivität und die Zusammenarbeit im Team haben. Wenn Mitarbeitende das Gefühl haben, dass ihre Meinungen ignoriert oder ihre Freiheit beschnitten wird, kann dies zu einem Stillstand führen, bei dem jegliche Initiative oder Kreativität verloren geht.

13.3 Die Psychologie der Reaktanz

Reaktanz basiert auf dem grundlegenden menschlichen Bedürfnis nach Autonomie. Menschen streben danach, ihre eigenen Entscheidungen zu treffen und Kontrolle über ihr Leben zu haben. Wenn dieses Bedürfnis bedroht wird, wird eine Art Alarm ausgelöst, der das Gefühl erzeugt, dass die Freiheit wiederhergestellt werden muss. Diese Reaktion ist besonders stark, wenn die betroffene Person das Gefühl hat, dass die Einschränkung unberechtigt oder unfair ist. Je wichtiger die eingeschränkte Freiheit für die Person ist, desto stärker fällt die Reaktanz aus.

Ein weiterer wichtiger Faktor, der Reaktanz begünstigt, ist der Kommunikationsstil. Wenn Anweisungen in einem autoritären Tonfall gegeben werden oder die Begründung fehlt, warum eine bestimmte Regel notwendig ist, steigt die Wahrscheinlichkeit, dass Mitarbeitende mit Widerstand reagieren. Umgekehrt kann eine Führungskraft, die ihre Entscheidungen transparent erklärt und auf Augenhöhe kommuniziert, Reaktanz oft vermeiden oder zumindest reduzieren. Der Zusammenhang zwischen Kommunikationsstil und Reaktanz zeigt, wie wichtig es ist, nicht nur inhaltlich korrekte Entscheidungen zu treffen, sondern diese auch in einer Weise zu vermitteln, die die Eigenständigkeit und das Selbstwertgefühl der Mitarbeitenden respektiert.

Darüber hinaus spielt der Kontext, in dem eine Entscheidung getroffen wird, eine wichtige Rolle. Wenn Mitarbeitende das Gefühl haben, dass Entscheidungen ohne ihre Beteiligung oder ohne Rücksicht auf ihre Bedürfnisse getroffen werden, entsteht ein Klima des Misstrauens, das Reaktanz begünstigt. Führungskräfte sollten die individuellen Perspektiven ihrer Teammitglieder berücksichtigen, um ein Gefühl der Teilhabe und Wertschätzung zu fördern. Der psychologische Mechanismus der Reaktanz zeigt uns, dass Menschen bereit sind, sich mehr zu engagieren, wenn sie das Gefühl haben, dass ihre Autonomie respektiert wird und ihre Meinung Einfluss hat.

13.4 Reaktanz und "Dienst nach Vorschrift"

Eine spezifische Ausprägung von Reaktanz im Arbeitsumfeld ist der sogenannte "Dienst nach Vorschrift". Mitarbeitende, die sich in ihrer Entscheidungsfreiheit eingeschränkt fühlen, neigen manchmal dazu, genau das zu tun, was von ihnen verlangt wird – nicht mehr und nicht weniger. Diese Art des passiven Widerstands führt dazu, dass die Mitarbeitenden keine Eigeninitiative mehr zeigen, keine Extrameile gehen und letztlich nur noch den Minimalanforderungen gerecht werden. Dieser Zustand kann für ein Unternehmen langfristig sehr schädlich sein, da Innovation und Motivation stark beeinträchtigt werden.

"Dienst nach Vorschrift" entsteht oft, wenn Mitarbeitende das Gefühl haben, dass ihre Meinungen und Ideen nicht wertgeschätzt werden oder dass ihre persönliche Freiheit durch zu strikte Regeln und Vorschriften eingeschränkt wird. Es ist wichtig zu verstehen, dass dieser passive Widerstand nicht unbedingt aus einer bewussten Entscheidung entsteht, sondern eine natürliche Reaktion auf das Gefühl von Kontrollverlust darstellt. Führungskräfte sollten daher darauf achten, dass Mitarbeitende das Gefühl haben, gehört zu werden, und dass ihre Beiträge geschätzt werden. Ein Umfeld, in dem die Mitarbeitenden sich respektiert und als wertvolles Mitglied des Teams wahrgenommen fühlen, verringert die Wahrscheinlichkeit, dass sie in einen Zustand des "Dienst nach Vorschrift" verfallen.

Dieser Effekt zeigt, wie wichtig eine offene und partizipative Unternehmenskultur ist. Wenn Mitarbeitende wissen, dass ihre Ideen und

Meinungen einen Unterschied machen, sind sie eher bereit, Verantwortung zu übernehmen und sich über das Mindestmaß hinaus zu engagieren. Führungskräfte sollten deshalb regelmäßig Möglichkeiten bieten, bei denen Mitarbeitende ihre Ideen einbringen können, und sicherstellen, dass diese Beiträge ernst genommen und bei Entscheidungsprozessen berücksichtigt werden. Eine Unternehmenskultur, die kreative und eigenverantwortliche Arbeit fördert, minimiert das Risiko von Reaktanz und "Dienst nach Vorschrift" erheblich.

13.5 Strategien zur Minimierung von Reaktanz

1. Partizipation fördern

Eine der effektivsten Strategien zur Minimierung von Reaktanz ist es, die Mitarbeitenden in Entscheidungsprozesse einzubeziehen. Wenn Mitarbeitende das Gefühl haben, dass sie gehört werden und Einfluss auf Entscheidungen haben, sinkt das Bedürfnis nach Widerstand. Partizipation schafft ein Gefühl von Kontrolle und Autonomie, was der Entstehung von Reaktanz vorbeugt. Führungskräfte können dies erreichen, indem sie regelmäßig Feedback einholen, Teams bei der Entwicklung von Lösungen einbeziehen und Raum für Diskussionen bieten. Dieser Prozess geht weit über die bloße Befragung der Mitarbeitenden hinaus – es geht darum, ihre Perspektiven zu integrieren und gemeinsam Lösungen zu finden, die für alle Beteiligten akzeptabel sind.

Partizipation kann auch durch regelmäßige Teammeetings und Workshops gefördert werden, in denen Mitarbeitende ihre Ideen präsentieren und aktiv an Entscheidungsfindungen teilnehmen können. Je stärker das Gefühl der Teilhabe ist, desto weniger werden Entscheidungen als Einschränkung der Freiheit wahrgenommen. Das Bewusstsein, Teil des Prozesses zu sein, fördert eine positive Einstellung und reduziert das Risiko von Reaktanz erheblich. Führungskräfte sollten daher eine offene Diskussionskultur schaffen, in der sich Mitarbeitende sicher fühlen, ihre Meinung zu äußern, ohne Angst vor negativen Konsequenzen zu haben.

2. Transparente Kommunikation

Transparenz in der Kommunikation ist ein weiterer wichtiger Aspekt. Mitarbeitende reagieren oft mit Reaktanz, wenn sie den Sinn hinter einer Entscheidung nicht verstehen. Wenn Führungskräfte ihre Entscheidungen erklären, den Nutzen für das Team oder das Unternehmen aufzeigen und auf Augenhöhe kommunizieren, verringert dies das Bedürfnis nach Widerstand. Klare und offene Kommunikation schafft Vertrauen und sorgt dafür, dass Anweisungen als sinnvoll und nachvollziehbar empfunden werden. Dies umfasst auch das aktive Zuhören, um die Perspektiven der Mitarbeitenden besser zu verstehen und ihre Bedenken ernst zu nehmen.

Transparente Kommunikation bedeutet auch, den Mitarbeitenden die Möglichkeit zu geben, Fragen zu stellen und kritische Rückmeldungen zu geben. Führungskräfte sollten offen für Anregungen und Kritik sein und zeigen, dass auch ihre Entscheidungen hinterfragt werden dürfen. Dies schafft nicht nur ein Gefühl der Fairness, sondern erhöht auch die Bereitschaft, Veränderungen zu akzeptieren. Eine effektive Kommunikation sollte immer als Dialog verstanden werden, bei dem beide Seiten ihre Sichtweisen einbringen und Verständnis füreinander entwickeln können.

3. Flexibilität anbieten

Menschen schätzen es, Optionen zu haben. Wenn Führungskräfte Möglichkeiten bieten, wie eine Aufgabe gelöst werden kann, oder Raum für eigene Ideen lassen, fühlt sich die Freiheit weniger eingeschränkt. Flexibilität bedeutet nicht, dass es keine Regeln gibt, sondern dass es innerhalb dieser Regeln Spielraum für individuelle Entscheidungen gibt. Diese Art der Freiheit sorgt dafür, dass Mitarbeitende weniger das Gefühl haben, kontrolliert zu werden, und reduziert so die Wahrscheinlichkeit von Reaktanz.

Flexibilität kann sich auch in der Anpassung von Arbeitszeiten, der Wahl der Methoden zur Erreichung eines Ziels oder der Möglichkeit zur Heimarbeit äußern. Mitarbeitende, die das Gefühl haben, ihre Arbeit so gestalten zu können, wie es am besten zu ihrer Situation passt, sind oft motivierter und weniger anfällig für Reaktanz. Führungskräfte sollten darauf achten, dass sie nicht unnötig starre Vorgaben machen, sondern den Mitarbeitenden die

Freiheit lassen, eigenverantwortlich Entscheidungen zu treffen, wie sie ihre Arbeit am effektivsten erledigen können.

4. Positives Verstärken

Anerkennung und Wertschätzung sind starke Mittel, um Reaktanz zu minimieren. Wenn Mitarbeitende das Gefühl haben, dass ihre Leistungen gesehen und gewürdigt werden, steigt ihre Motivation und die Bereitschaft, sich auf Anweisungen einzulassen. Lob und positive Rückmeldungen sind wichtige Werkzeuge, um eine vertrauensvolle Arbeitsatmosphäre zu schaffen, in der Reaktanz seltener auftritt. Führungskräfte sollten daher nicht nur Kritik äußern, sondern auch positive Leistungen hervorheben und Mitarbeitende für ihre Beiträge wertschätzen. Dies trägt dazu bei, dass die Mitarbeitenden das Gefühl haben, Teil eines unterstützenden und wertschätzenden Teams zu sein.

13.6 Zusammenfassung

Reaktanz ist eine natürliche psychologische Reaktion auf das Gefühl von Freiheitsverlust. Im Arbeitsumfeld kann Reaktanz zu Widerstand, mangelnder Motivation und "Dienst nach Vorschrift" führen, was die Produktivität und Kreativität eines Teams beeinträchtigen kann. Führungskräfte können durch partizipative Entscheidungsprozesse, transparente Kommunikation, Flexibilität und positives Verstärken dazu beitragen, Reaktanz zu minimieren und ein Arbeitsumfeld zu schaffen, in dem sich die Mitarbeitenden respektiert und wertgeschätzt fühlen. Indem das Bedürfnis nach Autonomie respektiert wird, kann ein Klima entstehen, in dem sich alle Teammitglieder aktiv einbringen und gemeinsam zum Erfolg des Unternehmens beitragen.

Das Verständnis der Mechanismen von Reaktanz und die Anwendung der richtigen Strategien kann Führungskräften helfen, Widerstände nicht nur zu überwinden, sondern auch eine Kultur des Engagements und der Innovation zu fördern. Statt Reaktanz als Bedrohung zu sehen, können Führungskräfte sie als wertvollen Hinweis darauf verstehen, dass Anpassungen notwendig sind, um die Bedürfnisse der Mitarbeitenden besser zu berücksichtigen. Indem Führungskräfte Reaktanz aktiv adressieren und die

Freiheit der Mitarbeitenden respektieren, schaffen sie eine Grundlage für nachhaltigen Erfolg und eine positive, kooperative Arbeitskultur.

14. CHANGE MANAGEMENT

14.1 Einleitung

Veränderungen sind ein unvermeidlicher Bestandteil des modernen Arbeitslebens. Unternehmen müssen sich an neue Gegebenheiten anpassen, um wettbewerbsfähig zu bleiben, sei es durch technologische Fortschritte, neue Marktanforderungen oder interne Umstrukturierungen. Der Prozess, durch den diese Veränderungen geplant, umgesetzt und stabilisiert werden, wird als Change Management bezeichnet. Change Management ist ein systematischer Ansatz, der sicherstellen soll, dass Veränderungen erfolgreich eingeführt werden und die Menschen, die von diesen Veränderungen betroffen sind, gut begleitet werden.

Change Management ist ein tiefgreifender und kontinuierlicher Prozess, der weit über die bloße Einführung von Veränderungen hinausgeht. Er umfasst die strategische Planung, die Kommunikation und die psychologische Begleitung der Mitarbeitenden. Veränderungen können viele Formen annehmen: von der Einführung neuer Technologien über den Wechsel der Unternehmensstrategie bis hin zu umfassenden Umstrukturierungen. Eine gut durchgeführte Veränderung kann für das Unternehmen neue Möglichkeiten eröffnen, die Effizienz steigern und den langfristigen Erfolg sichern.

Das Ziel dieses Kapitels ist es, die Prinzipien des Change Managements zu erklären, die Herausforderungen aufzuzeigen, denen Unternehmen in solchen Situationen gegenüberstehen, und zu verdeutlichen, wie Führungskräfte den Prozess effektiv gestalten können. Veränderungen können für Mitarbeitende oft Angst oder Widerstand hervorrufen, daher sind Führungskräfte gefordert, diese Reaktionen zu erkennen und zu managen, um den Übergang so reibungslos wie möglich zu gestalten. Darüber hinaus soll gezeigt werden, wie Führungskräfte eine positive und produktive Kultur schaffen können, die Veränderungen als etwas Normales und Positives begreift, und wie durch gezielte Maßnahmen das Vertrauen in den Veränderungsprozess gestärkt werden kann.

14.2 Was ist Change Management?

Change Management beschreibt den Prozess der Gestaltung und Umsetzung von Veränderungen in Organisationen. Ziel ist es, sicherzustellen, dass die Veränderung nicht nur technischer Natur ist, sondern auch die Menschen, die von der Veränderung betroffen sind, aktiv einbezogen werden. Dabei geht es nicht nur um die strukturelle oder technische Umgestaltung, sondern vor allem um das Management der Ängste, Erwartungen und Bedürfnisse der Mitarbeitenden. Change Management hilft, Veränderungen nicht als Bedrohung, sondern als Chance zu begreifen.

Ein erfolgreicher Wandel hängt wesentlich davon ab, ob es gelingt, die Mitarbeitenden in den Prozess zu integrieren und ihre Unterstützung zu gewinnen. Menschen brauchen eine klare Vorstellung davon, warum eine Veränderung notwendig ist, wie sie durchgeführt wird und welchen persönlichen Einfluss sie darauf haben. Change Management bedeutet daher nicht nur, Prozesse umzustellen, sondern auch die Menschen in der Organisation mitzunehmen, ihre Sorgen zu adressieren und sie auf eine Reise zu begleiten, die manchmal Unsicherheiten mit sich bringt. Veränderung ist immer auch eine emotionale Angelegenheit – und genau hier setzt ein gutes Change Management an, indem es nicht nur rationale, sondern auch emotionale Aspekte berücksichtigt.

Für erfolgreiche Veränderungen ist es entscheidend, die unterschiedlichen Phasen des Wandels zu verstehen. Diese Phasen umfassen typischerweise die Vorbereitung, die Implementierung und die Stabilisierung der Veränderung. Jede Phase bringt spezifische Herausforderungen mit sich, die aktiv adressiert werden müssen, um sicherzustellen, dass die Veränderung von den Mitarbeitenden akzeptiert und getragen wird. Zudem muss während des gesamten Prozesses das Feedback der Mitarbeitenden eingeholt und in den Wandel integriert werden, um sicherzustellen, dass die Veränderung nicht nur von oben herab verordnet wird, sondern im Einklang mit den Bedürfnissen und der Dynamik der gesamten Organisation steht.

14.3 Die Herausforderungen des Change Managements

Eine der größten Herausforderungen des Change Managements ist der Widerstand gegen Veränderungen. Menschen neigen dazu, bekannte Routinen und Prozesse beizubehalten, weil diese ihnen Sicherheit geben. Jede Veränderung, die diese Routinen in Frage stellt, kann Unsicherheit und Stress erzeugen. Oft führen unklare Kommunikation oder unzureichende Informationen dazu, dass sich Mitarbeitende überfordert fühlen und Ängste entwickeln. Dieser Widerstand kann sich auf verschiedene Weisen äußern – von offener Kritik über stille Ablehnung bis hin zur passiven Nichtbeteiligung. Ein effektives Change Management muss diese Widerstände antizipieren und Strategien entwickeln, um ihnen entgegenzuwirken.

Ein weiterer entscheidender Punkt ist das fehlende Vertrauen in die Führung oder den Veränderungsprozess. Wenn Mitarbeitende das Gefühl haben, dass die Führungskräfte ihre Interessen nicht berücksichtigen oder dass der Prozess unfair gestaltet ist, steigt die Wahrscheinlichkeit, dass sie sich gegen die Veränderung stellen. Deshalb ist es von großer Bedeutung, dass die Führung engagiert und authentisch auf die Mitarbeitenden zugeht, Vertrauen aufbaut und eine Kultur der Offenheit fördert. Vertrauen entsteht, wenn die Führungskräfte transparent agieren, Fehler eingestehen und die Bedürfnisse der Mitarbeitenden ernst nehmen. Eine klare und kontinuierliche Kommunikation darüber, was, warum und wie sich etwas ändert, trägt maßgeblich dazu bei, Vertrauen in den Veränderungsprozess zu schaffen.

Zudem kann eine unzureichende Einbeziehung der Mitarbeitenden in die Planung der Veränderung zu Widerstand führen. Wenn Menschen das Gefühl haben, dass sie keine Kontrolle oder keinen Einfluss auf die Entscheidungen haben, die ihr Arbeitsumfeld betreffen, sind sie weniger geneigt, die Veränderung zu akzeptieren. Change Management sollte deshalb immer auch partizipativ gestaltet sein, damit sich Mitarbeitende gehört und beteiligt fühlen. Die Beteiligung der Mitarbeitenden kann durch regelmäßige Feedback-Runden, Workshops und gemeinsame Problemlösungs-Sessions gefördert werden. Diese Maßnahmen tragen dazu bei, dass Mitarbeitende die Veränderung als etwas wahrnehmen, an dem sie selbst mitwirken können, und nicht als etwas, das ihnen von außen aufgezwungen wird.

Zusätzlich zu diesen Herausforderungen spielt die emotionale Komponente eine zentrale Rolle. Veränderungen bedeuten oft, dass sich Mitarbeitende von gewohnten Strukturen verabschieden müssen. Diese Verluste – sei es eine liebgewonnene Routine, ein vertrauter Arbeitsplatz oder gewohnte Kollegen – können Ängste und Trauer hervorrufen. Führungskräfte sollten daher nicht nur die logistischen und organisatorischen Aspekte einer Veränderung berücksichtigen, sondern auch die emotionale Unterstützung bereitstellen, die erforderlich ist, um den Übergang zu erleichtern. Dies kann durch Einzelgespräche, Coaching oder durch den Einsatz von Change Agents geschehen, die als Mittler zwischen Führung und Mitarbeitenden fungieren.

14.4 Erfolgsfaktoren im Change Management

14.4.1 Klare Vision und Ziele

Ein zentraler Erfolgsfaktor im Change Management ist die Definition einer klaren Vision und konkreter Ziele. Die Mitarbeitenden müssen verstehen, warum die Veränderung notwendig ist und welche Vorteile sie langfristig bringt. Eine klar formulierte Vision hilft, den Sinn hinter der Veränderung zu vermitteln und die Mitarbeitenden auf dem Weg mitzunehmen. Die Vision sollte inspirierend und motivierend sein, damit alle Beteiligten erkennen, dass die Veränderung nicht nur eine Herausforderung, sondern auch eine Chance ist.

Die Vision sollte auch möglichst konkret aufzeigen, welche Schritte unternommen werden, um das Ziel zu erreichen, und welche Rollen die Mitarbeitenden in diesem Prozess spielen. Die langfristigen Vorteile sollten hervorgehoben werden, um zu verdeutlichen, dass die Veränderung zwar zunächst Herausforderungen mit sich bringen kann, aber letztlich zur Verbesserung des Arbeitsumfelds und der Wettbewerbsfähigkeit des Unternehmens beiträgt. Ein gemeinsames Verständnis der Vision ermöglicht es den Mitarbeitenden, sich stärker mit dem Wandel zu identifizieren und sich darauf einzulassen.

14.4.2 Kommunikation als Schlüssel zum Erfolg

Kommunikation ist einer der wichtigsten Aspekte des Change Managements. Transparente, offene und kontinuierliche Kommunikation hilft, Missverständnisse und Ängste zu vermeiden. Führungskräfte sollten aktiv und regelmäßig mit ihren Teams kommunizieren, die Hintergründe und die Notwendigkeit der Veränderung erklären sowie Fragen und Bedenken der Mitarbeitenden ernst nehmen. Eine gut geplante Kommunikationsstrategie kann helfen, den Informationsfluss zu gewährleisten und den Mitarbeitenden das Gefühl zu geben, Teil des Prozesses zu sein.

Es ist wichtig, verschiedene Kommunikationskanäle zu nutzen, um sicherzustellen, dass alle Mitarbeitenden erreicht werden – von persönlichen Meetings über E-Mails bis hin zu interaktiven digitalen Plattformen. Die Kommunikation sollte nicht nur informierend, sondern auch dialogorientiert sein. Das bedeutet, dass Führungskräfte nicht nur Informationen weitergeben, sondern auch aktiv zuhören und die Mitarbeitenden ermutigen, ihre Gedanken und Bedenken zu äußern. Offene Fragerunden und Feedbackgespräche sind hier besonders hilfreich. Eine offene Kommunikationskultur schafft Vertrauen und fördert das Gefühl der Gemeinschaft und des gemeinsamen Engagements.

14.4.3 Partizipation und Einbeziehung der Mitarbeitenden

Mitarbeitende, die in den Veränderungsprozess eingebunden werden, sind eher bereit, diesen aktiv zu unterstützen. Partizipation schafft Vertrauen und gibt den Menschen das Gefühl, dass ihre Meinungen und Bedenken zählen. Workshops, Feedbackrunden und Arbeitsgruppen sind Möglichkeiten, die Mitarbeitenden zu beteiligen und ihre Perspektiven in die Planung mit einzubeziehen. Dadurch fühlen sie sich wertgeschätzt und als Teil der Lösung, statt als Betroffene, denen Veränderungen einfach auferlegt werden.

Partizipation bedeutet auch, dass Mitarbeitende aktiv an der Gestaltung der Veränderung beteiligt werden. Sie sollten nicht nur informiert, sondern gefragt werden, wie sie bestimmte Prozesse gestalten würden und welche Lösungen sie vorschlagen. Diese Art der Einbeziehung steigert nicht nur das

Engagement, sondern bringt oft wertvolle Ideen und Perspektiven ein, die den Erfolg der Veränderung fördern können. Führungskräfte sollten daher immer darauf bedacht sein, den Mitarbeitenden die Möglichkeit zu geben, ihre Erfahrungen und ihr Wissen in den Prozess einzubringen.

14.4.4 Führungskräfte als Vorbilder

Die Rolle der Führungskräfte im Change Management kann nicht überbewertet werden. Führungskräfte sollten als Vorbilder agieren und den Wandel authentisch vorleben. Ihr Verhalten setzt den Ton für den gesamten Prozess. Wenn die Führung den Wandel aktiv und positiv unterstützt, wird dies auch die Mitarbeitenden motivieren, der Veränderung positiv gegenüberzustehen. Authentizität und Engagement sind Schlüsselfaktoren, um Vertrauen aufzubauen und die Mitarbeitenden durch den Wandel zu führen.

Führungskräfte sollten offen über die Herausforderungen sprechen, die der Wandel mit sich bringt, und gleichzeitig die Chancen aufzeigen. Indem sie ihre eigenen Unsicherheiten nicht verbergen, sondern gemeinsam mit dem Team Lösungen erarbeiten, zeigen sie, dass Veränderung ein Prozess ist, den alle zusammen bewältigen können. Sie müssen bereit sein, als Ansprechpartner zu fungieren, zuzuhören und Unterstützung anzubieten. Authentizität schafft Vertrauen und ermutigt die Mitarbeitenden, den Wandel anzunehmen und sich aktiv daran zu beteiligen.

14.4.5 Schulung und Unterstützung

Veränderungen bringen oft neue Aufgaben, Technologien oder Prozesse mit sich. Damit die Mitarbeitenden die Veränderung erfolgreich bewältigen können, ist es wichtig, sie entsprechend zu schulen und zu unterstützen. Schulungen und Trainingsprogramme können dabei helfen, neue Fähigkeiten zu entwickeln und das Vertrauen der Mitarbeitenden in ihre Fähigkeit zu stärken, mit den neuen Anforderungen umzugehen. Zusätzlich sollte auch emotionale Unterstützung angeboten werden, um Ängste abzubauen und die Anpassung zu erleichtern.

Führungskräfte sollten sicherstellen, dass alle notwendigen Ressourcen zur Verfügung stehen, damit die Mitarbeitenden die neuen Anforderungen bewältigen können. Dies beinhaltet sowohl formale Schulungen als auch informelle Unterstützung, wie Mentoring oder die Bereitstellung von Ansprechpartnern, die bei spezifischen Fragen weiterhelfen können. Schulung und Unterstützung sind entscheidend, um sicherzustellen, dass die Mitarbeitenden sich kompetent fühlen und die Veränderung nicht als Bedrohung, sondern als Gelegenheit zur Weiterentwicklung wahrnehmen.

14.5 Zusammenfassung

Change Management ist ein unverzichtbarer Prozess für Unternehmen, die sich in einer sich schnell verändernden Welt behaupten wollen. Erfolgreiches Change Management umfasst klare Visionen, offene Kommunikation, die Partizipation der Mitarbeitenden und die Vorbildfunktion der Führungskräfte. Veränderungen sind für viele Menschen zunächst beunruhigend, weil sie das Bekannte infrage stellen und Unsicherheiten erzeugen. Durch einen systematischen und unterstützenden Ansatz können Führungskräfte jedoch dafür sorgen, dass Veränderung nicht als Bedrohung, sondern als Chance wahrgenommen wird.

Ein zentraler Aspekt des Change Managements ist es, die Mitarbeitenden auf der emotionalen Ebene abzuholen und ihnen die notwendige Unterstützung anzubieten. Dies geschieht durch die Kombination aus klarer Kommunikation, der Möglichkeit zur Mitgestaltung und einer authentischen, transparenten Führung. Führungskräfte müssen Vorbilder sein, die den Wandel aktiv vorleben, sich den Herausforderungen stellen und ihre Teams dabei unterstützen, neue Wege zu gehen.

Letztlich hängt der Erfolg von Veränderungsprozessen maßgeblich davon ab, ob es gelingt, Vertrauen aufzubauen und eine Kultur des offenen Austauschs zu schaffen. Mitarbeitende, die sich ernst genommen und wertgeschätzt fühlen, sind eher bereit, Veränderungen aktiv mitzutragen. Eine kontinuierliche Schulung und Begleitung stärkt zusätzlich das Vertrauen in den Prozess und die eigene Rolle darin. Wenn all diese Faktoren zusammenkommen, kann Change Management dazu beitragen, dass

Organisationen in einem dynamischen Umfeld erfolgreich agieren und ihre Ziele langfristig erreichen.

SCHLUSSWORT

Führung bedeutet, Menschen zu verstehen und sie dabei zu unterstützen, über sich hinauszuwachsen. Während wir in diesem Buch verschiedene psychologische Modelle und Ansätze betrachtet haben, bleibt eine zentrale Botschaft bestehen: Der Mensch steht im Mittelpunkt. Erfolgreiche Führung ist nicht einfach nur eine Frage von Methoden und Techniken, sondern von echter menschlicher Verbindung und der Fähigkeit, Vertrauen und Sicherheit zu schaffen. Eine erfolgreiche Führungskraft ist jemand, der das Potenzial in anderen erkennt, sie motiviert und fördert – und dabei niemals aufhört, selbst zu wachsen. Nur wer selbst bereit ist, ständig an sich zu arbeiten und offen für Neues zu sein, kann auch andere dazu inspirieren, sich weiterzuentwickeln.

Die moderne Arbeitswelt verlangt nach Führungskräften, die flexibel, empathisch und vorausschauend sind. Es ist eine Welt, in der die Fähigkeit, sich anzupassen, genauso wichtig ist wie die Fähigkeit, vorauszudenken und langfristige Visionen zu entwickeln. Der Weg zur erfolgreichen Führungskraft ist kein statischer Zustand, sondern ein Prozess der ständigen Weiterentwicklung, der Offenheit für Feedback und den Mut zur Veränderung erfordert. Ich hoffe, dass dieses Buch Ihnen hilfreiche Impulse gegeben hat, die psychologischen Aspekte der Führung zu verstehen und in Ihrem Führungsalltag anzuwenden. Es ist mein Wunsch, dass Sie dieses Wissen nicht nur theoretisch verstehen, sondern auch in die Praxis umsetzen können, um echte Veränderungen zu bewirken.

Nutzen Sie das Wissen, um eine Atmosphäre des Vertrauens, der Offenheit und des Wachstums zu schaffen – für sich selbst und für die Menschen, die Sie führen. Bedenken Sie, dass Führung auch bedeutet, ein Vorbild zu sein, das andere inspiriert und motiviert. Sie haben die Chance, eine Kultur zu formen, die nicht nur von Leistung, sondern auch von Menschlichkeit geprägt ist. Indem Sie Ihre Mitarbeiter fördern und sie ermutigen, neue Wege zu gehen, tragen Sie nicht nur zum Erfolg des Unternehmens bei, sondern auch zur persönlichen Entwicklung jedes Einzelnen. Führung ist eine Reise, und ich wünsche Ihnen, dass Sie diese Reise mit Neugier, Freude und Ent-schlossenheit fortsetzen.

Christof Bechtiger